파이돈

정암고전총서 플라톤 전집

파이돈

플라톤

전헌상 옮김

아카넷

정암고전총서는 윤독의 과정을 거쳐 책을 펴냅니다.
아래의 정암학당 연구원들이 『파이돈』 원고를 함께 읽고
번역에 도움을 주셨습니다.
김주일, 강성훈, 이기백

'정암고전총서'를 펴내며

그리스·로마 고전은 서양 지성사의 뿌리이며 지혜의 보고이다. 그러나 이를 우리말로 직접 읽고 검토할 수 있는 원전 번역은 여전히 드물다. 이런 탓에 우리는 서양 사람들의 해석을 수동적으로 수용하는 처지를 완전히 극복하지 못하고 있다. 사상의 수입은 있지만 우리 자신의 사유는 결여된 불균형의 문제를 안고 있는 것이다. 이런 상황은 우리의 삶과 현실을 서양의 문화유산과 연관 지어 사색하고자 할 때 특히 심각한 문제를 야기한다. 우리 자신이 부닥친 문제를 자기 사유 없이 남의 사유를 통해 이해하거나 해결하는 것은 거의 불가능하기 때문이다. 우리의 문제에 대한 인문학적 대안들이 때로는 현실을 적확하게 꼬집지 못하는 공허한 메아리로 들리는 것도 그런 이유 때문일 것이다.

한 공동체에서 살아가는 사람들이 자신들의 생각과 말을 나누며 함께 고민하는 문제와 만날 때 인문학은 진정한 울림이 있는 메아리가 될 수 있다. 이것은 우리가 우리의 현실을 함께 고민하는 문제의식을 공유함으로써 가능하겠지만, 그조차도 함께 사유할 수 있는 텍스트가 없다면 요원한 일일 것이다. 사유를 공유할 텍스트가 없을 때는 앎과 말과 함이 분열될 위험에 노출될 수 있기 때문이다. 이런 점에서 진정한 인문학적 탐색은 삶의 현실이라는 텍스트, 그리고 생각을 나눌 수 있는 문헌 텍스트와 만나는 이중의 노력에 의해 가능할 것이다.

현재 한국의 인문학적 상황은 기묘한 이중성을 보이고 있다. 대학 강단의 인문학은 시들어 가고 있는 반면 대중 사회의 인문학은 뜨거운 열풍이 불어 마치 중흥기를 맞이한 듯하다. 그러나 현재의 대중 인문학은 비판적으로 사유하는 인문학이 되지 못하고 자신의 삶을 합리화하는 도구로 전락하는 경향이 없지 않다. 사유 없는 인문학은 대중의 욕망을 충족시키기 위해 소비되는 상품에 지나지 않는다. '정암고전총서' 기획은 이와 같은 한계상황을 극복할 수 있는 기본적인 토대를 마련하고자 하는 절실한 문제의식에서 시작되었다.

정암학당은 철학과 문학을 아우르는 서양 고전 문헌의 연구와 번역을 목표로 2000년 임의 학술 단체로 출범하였다. 그리고 그 첫 열매로 서양 고전 철학의 시원이라 할 『소크라테스 이전 철학자들의 단편 선집』을 2005년도에 펴냈다. 2008년에는 비영리 공익법인의 자격을 갖는 공적인 학술 단체의 면모를 갖추고 플라톤 원전 번역을 완결할 목표 아래 지금까지 20여 종에 이르는 플라톤 번역서를 내놓고 있다. 이제 '플라톤 전집' 완간을 눈앞에 두고 있는 시점에 정암학당은 지금까지의 시행착오를 밑거름 삼아 그리스·로마의 문사철 고전 문헌을 우리말로 옮기는 고전 번역 운동을 본격적으로 펼치려 한다.

정암학당의 번역 작업은 철저한 연구에 기반한 번역이 되도록 하기 위해 처음부터 공동 독회와 토론을 통해 이루어진다. 번역 초고를 여러 번에 걸쳐 교열·비평하는 공동 독회 세미나를 수행하여 이를 기초로 옮긴이가 최종 수정하는 방식으로 진행된다. 이같이 공동 독회를 통해 번역서를 출간하는 방식은 서양에서도 유래를 찾기 어려운 번역 시스템이다. 공동 독회를 통한 번역은 매우 더디고 고통스러운 작업이지만, 우리는 이 같은 체계적인 비평의 과정을 거칠 때 믿고 읽을 수 있는 텍스트가 탄생할 수 있다고 확신한다. 이런 번역 시스템 때문에 모든 '정암고전총서'에는 공동 윤독자를 병기하기로 한다. 그러나 윤독자들의 비판을 수용할지 여부는 결국 옮긴이가 결정한다는 점에서 번역의 최종 책임은 어디까지나 옮긴이에게 있다. 따라서 공동 윤독에 의한 비판의 과정을 거치되 옮긴이들의 창조적 연구 역량이 자유롭게 발휘될 수 있도록 노력하였다.

정암학당은 앞으로 세부 전공 연구자들이 각각의 연구팀을 이루어 연구와 번역을 병행함으로써 아리스토텔레스 철학 원전, 키케로 전집, 헬레니즘 선집 등의 번역본을 출간할 계획이다. 그리고 이렇게 출간될 번역본에 대한 대중 강연을 마련하여 시민들과 함께 호흡할 수 있는 장을 열어 나갈 것이다. 공익법인인 정암학당은 전적으로 회원들의 후원으로 유지된다는 점에서 '정암고전총서'는 연구자들의 의지뿐만 아니라 시민들의 소중한 뜻이 모여 세상 밖에 나올 수 있는 셈이다. 이런 점에서 '정암고전총서'가 일종의 고전 번역 운동으로 자리매김되길 기대한다.

'정암고전총서'를 시작하는 이 시점에 두려운 마음이 없지 않으나, 이런 노력이 서양 고전 연구의 디딤돌이 될 것이라는 희망, 그리고 새로운 독자들과 만나 새로운 사유의 향연이 펼쳐질 수 있으리라는 기대감 또한 적지 않다. 어려운 출판 여건에도 '정암고전총서' 출간의 큰 결단을 내린 아카넷 김정호 대표에게 경의와 감사의 뜻을 전한다. 끝으로 정암학당의 기틀을 마련했을 뿐만 아니라 앎과 실천이 일치된 삶의 본을 보여 주신 이정호 선생님께 존경의 마음을 표한다. 그 큰 뜻이 이어질 수 있도록 앞으로도 치열한 연구와 좋은 번역을 내놓는 노력을 다할 것이다.

2018년 11월
정암학당 연구자 일동

'정암학당 플라톤 전집'을 새롭게 펴내며

플라톤의 사상과 철학은 서양 사상의 뿌리이자 서양 문화가 이루어 온 지적 성취들의 모태가 되었다는 점에서 큰 의미를 지니고 있다. 특히 그의 작품들 대부분은 풍성하고도 심오한 철학적 문제의식을 담고 있을 뿐만 아니라 생동감 넘치는 대화 형식으로 쓰여 있어서, 오늘날까지 많은 사람이 최고의 철학 고전이자 문학사에 길이 남을 걸작으로 손꼽고 있다. 화이트헤드는 '유럽철학의 전통은 플라톤에 대한 일련의 각주'라고까지 하지 않았던가.

정암학당은 플라톤의 작품 전체를 우리말로 공유할 수 있도록 하자는 취지에서 뜻있는 학자들이 모여 2000년에 문을 열었다. 그 이래로 플라톤의 작품들을 함께 읽고 번역하는 데 매달려 왔다. 정암학당의 연구자들은 애초부터 공동 탐구의 작업 방식을 취해 왔으며, 이에 따라 공동 독회와 토론을 통해 텍스트를 이해하는 노력을 기울여 왔고, 초고를 여러 번에 걸쳐 교열·비평하는 수고 또한 마다하지 않았다. 2007년에 『뤼시스』를 비롯한 3종의 번역서를 낸 이후 지금까지 출간된 정암학당 플라톤 번역서들은 모두 이 같은 작업 방식으로 이루어진 성과물들이다.

정암학당의 이러한 작업 방식 때문에 번역 텍스트를 출간하는데 출판사 쪽의 애로가 없지 않았다. 그동안 출판을 맡아 준 이제이북스는 어려운 여건에서도 플라톤 전집 출간의 의미를 이해하고 전집 출간 사업에 동참하여 많은 노력을 기울여주었다. 그결과 2007년부터 2018년까지 20여 종의 플라톤 전집 번역서가 출간되었다. 그러나 최근 이제이북스의 여러 사정으로 인해 전집 출간을 마무리하기가 어려워졌다. 정암학당은 플라톤 전집출간을 이제이북스와 완결하지 못하게 된 것에 대해 아쉬움을 표하는 동시에 그동안의 노고에 고마움을 전한다.

정암학당은 이 기회에 플라톤 전집의 번역과 출간 체계를 전반적으로 정비하기로 했고, 이런 취지에서 '정암학당 플라톤 전집'을 '정암고전총서'에 포함시켜 아카넷 출판사를 통해 출간할 것이다. 아카넷은 정암학당이라는 학술 공간의 의미를 이해하고 '정암학당 플라톤 전집' 출간의 가치를 공감해주었다. 여러 가지 측면에서 많은 어려움이 있었음에도 어려운 결단을 내린 아카넷 출판사에 감사를 표한다.

정암학당은 기존에 출간한 20여 종의 번역 텍스트를 '정암고전총서'에 편입시켜 앞으로 2년 동안 순차적으로 이전 출간할 예정이다. 그러나 이런 작업이 짧은 시간에 추진되었기 때문에 번역자들에게 전면적인 수정을 할 시간적 여유가 주어지지는 않았다. 따라서 아카넷 출판사로 이전 출간하는 플라톤 전집은 일부의 내용을 보완하고 오식을 수정하는 선에서 새로운 판형과 조판으로 출간한다. 이 점에 대해서는 독자들께 양해를 구한다. 정암학당은 출판사를 옮겨 출간하는 작업을 진행하는 동시에, 플라톤 전집 중 남아 있는 텍스트들에 대한 번역본 출간 시기도 앞당길 수 있도록 노력할 것이다. 그리하여 오랜 공동 연구의 결실인 '정암학당 플라톤 전집' 전체를 독자들이 조만간 음미할 수 있도록 최선을 다할 것이다.

끝으로 정암학당의 기반을 마련해 주신 고 정암(鼎巖) 이종건(李鍾健) 선생을 추모하며, 새 출판사에서 플라톤 전집을 완간하는 일에 박차를 가할 것을 다짐한다.

2019년 6월

정암학당 연구자 일동

차례

작품 내용 구분

등장인물

파이돈(Phaidōn)

파이돈은 펠로폰네소스반도의 엘리스 출신이다. 그는 아테네에 전쟁 노예로 팔려 왔다가 소크라테스의 주선으로 케베스(다른 기록에 따르면 알키비아데스 혹은 크리톤)가 몸값을 지불한 덕분에 자유인이 되었고, 이후 철학을 추구하게 되었다고 전해진다. 그는 고향으로 돌아가 소위 '엘리스학파'를 세웠고, 이후 이 학파는 에레트리아의 메네데모스에 의해 에레트리아로 옮겨져 '에레트리아학파'로 불리게 된다. 메네데모스가 메가라학파의 에우클레이데스와 더불어 폄하되고 있는 기록이 존재하는 것으로 미루어 볼 때, 파이돈학파는 메가라학파와 밀접한 유사성이 있었던 것으로 보인다.

에케크라테스(Echekratēs)

에케크라테스는 피타고라스학파의 일원이었고, 그의 고향인 플레이우스는 당시 그 학파의 주요 근거지 중 하나였다. 플라톤이 피타고라스학파의 일원을 파이돈의 주된 청자로 설정한 데에는 『파이돈』의 주요 주제들, 예를 들어 영혼의 불멸이나 이데아론이 그 학파의 주장들과 자연스럽게 연결될 수 있다는 점이 영향을 미쳤을 것으로 추정된다. 에케크라테스가 아테네로부터 멀리 떨어진 지역에 머물고 있고 아테네의 소식을 듣기 어려운 상황에 있다는 사실도 소크라테스의 죽음을 직접적인 묘사가 아닌, 간접적인 보고를 통해 독자들에게 전하고자 하는 플라톤의 의도에 잘 들어맞는 점이다.

심미아스(Simmias)와 케베스(Kebēs)

『파이돈』에서 소크라테스의 주된 대화 상대자로 등장하는 심미아스와 케베스는 모두 테바이 출신이다. 『크리톤』 45b에서 이 둘은 소크라테스의 탈옥을 위해 마련한 돈을 들고 아테네로 온 것으로 그려진다. 플라톤은 『열세 번째 서한』에서 케베스를 "소크라테스적 대화편들 속에서 심미아스와 더불어 영혼에 관한 논의를 소크라테스와 나누는" 인물, 그리고 "우리 모두에게 가깝고 호의를 가진" 인물로 묘사하고 있다(363a).

일러두기

- 번역의 기준 판본으로 사용한 것은 옥스퍼드 고전 텍스트[E. A. Duke et al.(ed.) *Platonis Opera*, vol. I (Oxford Classical Texts), Oxford, 1995]이다.(J. Burnet이 편집한 'OCT 구판'과 구분하기 위해서 필요한 경우 'OCT 신판'으로 부르도록 한다.)
- 번역문 좌우의 여백에 표시된 쪽 번호는 플라톤 저작을 인용하는 표준 판본인 소위 '스테파누스' 판본의 단락과 쪽 번호이다.
- 그리스어는 모두 로마자로 표기했다.

파이돈

파이돈

에케크라테스, 파이돈, 심미아스, 케베스

에케크라테스   당신 자신이, 파이돈, 소크라테스가 감옥에서 약[1]   57a
을 마신 그날 그의 곁에 있었습니까, 아니면 다른 누구로부터 이
야기를 들었습니까?

파이돈   저 자신이 곁에 있었습니다, 에케크라테스.

에케크라테스   그럼 그가 죽음을 앞두고 한 말들은 무엇인가요?
그리고 그는 어떻게 최후를 맞이했는지요? 제가 들었으면 싶어
서 그렇습니다. 사실 요즘은 플레이우스[2] 시민들 중에 아테네를
찾는 사람이 도무지 없는 데다가, 그가 약을 마시고 죽었다는 것
외에는 그 일들에 관해서 뭔가 명확한 걸 전해 줄 수 있는 외지
인도 오랫동안 그곳으로부터 오질 않아서요. 다른 것들에 대해   b
서는 전혀 이야기가 없더라고요.

파이돈   그럼 재판이 어떤 식으로 진행되었는지도 당신들은 못   58a
들으셨나요?

에케크라테스 아니요. 그건 누군가가 우리에게 알려 주었습니다. 우리는 재판이 분명 오래전에 있었는데 한참 후에야 그가 죽어서 의아해하기도 했는걸요. 그건 왜 그랬나요, 파이돈?

파이돈 그에게 우연한 일이 생겼어요, 에케크라테스. 재판 전날에 때마침 아테네 사람들이 델로스[3]로 보내는 배의 고물에 화환이 둘러졌거든요.

에케크라테스 대체 그 배는 뭐지요?

파이돈 아테네 사람들 말로는, 예전에 테세우스가 저 유명한 일곱 쌍을 크레타로 태우고 가서 그들도 살리고 자신도 살렸던[4] 바로 그 배라는군요. 그러니까 전해지는 이야기에 따르면, 그들
b 은 그때 아폴론에게 서원하기를, 만일 자신들이 산다면 매년 델로스로 사절단을 보내겠노라고 했다는 겁니다. 바로 그 사절단을 그때부터 지금까지 늘 해마다 그 신을 위해 보내고 있는 것이지요. 그런데 일단 그 사절단 파견 절차가 시작되면, 그 시기에는 그 배가 델로스에 갔다가 다시 이곳으로 되돌아올 때까지 도시를 정결히 하고 누구도 공적으로 죽이지 않는다는 법이 그들
c 에게 있습니다. 이것은 때로 오랜 시간이 걸리곤 하지요. 바람이 그들을 저지하기라도 할 때는 말입니다. 이 사절단 파견 절차가 시작되는 것이 바로 아폴론의 신관이 그 배의 고물에 화환을 두를 때인데, 그 일이 제가 말씀드린 대로 때마침 재판 전날에 벌어졌습니다. 바로 이런 이유 때문에 소크라테스가 감옥에서 재

판과 죽음 사이에 오랜 시간을 보낸 것입니다.

에케크라테스 그렇다면 그의 죽음 자체의 상황은 어땠습니까, 파이돈? 그가 말한 것들과 행한 것들은 무엇이었나요? 그리고 친한 사람들 중에 곁에 있었던 사람들은 누구였습니까? 혹 관리들이 곁에 있는 걸 허용하지 않아서 친구들도 없이 외로이 돌아가셨나요?

파이돈 천만에요. 사람들이 곁에 있었습니다. 그것도 많은 사람들이요.　　　　　　　　　　　　　　　　　　　　　　　　d

에케크라테스 그렇다면 이 모든 것들을 최대한 명확히 우리에게 전해 주시죠. 당신께 뭔가 바쁜 일이 있지 않으시다면요.

파이돈 아니요, 저는 바쁜 일도 없고, 여러분께 상세히 이야기를 해 볼까 합니다. 사실 저에게 소크라테스를 회상하는 일은, 저 자신이 말하는 것이건 남으로부터 듣는 것이건, 늘 무엇보다 즐거운 일이니까요.

에케크라테스 그뿐 아니라, 파이돈, 당신에게는 그런 상태에 있는 청자들 또한 있습니다. 가능한 한 정확히 모든 것을 이야기해 주시기만 하십시오.

파이돈 실은 저는 곁에 있으면서 놀라운 걸 느꼈습니다. 친한　　e
사람의 죽음 곁에 있는 것 같은 연민의 감정이 제게 들지를 않았거든요. 저에게 그는 행복해 보였고, 에케크라테스, 태도에 있어서나 말에 있어서나 얼마나 의연하고 고결하게 최후를 맞이하시

던지, 제겐 그가 하데스로 가시면서 신의 가호 없이 가시지는 않

으리라는, 그리고 행여 누군가가 그런 적이 있다면, 그는 그곳

에 이르러서도 잘 지내시게 되리라는 생각이 들 정도였으니까

59a 요. 바로 이런 이유 때문에, 제겐 비통한 자리에 있을 때에 어울

릴 법한 연민의 감정이 거의 들지 않았고, 철학을 하면서 우리

가 느끼곤 했던 즐거움—그날의 논의들도 그런 것들이었으니까

요—역시 들지 않았습니다. 오히려 그가 곧 죽게 될 것이라 생

각하니, 저에게는 말 그대로 어떤 기이한 느낌, 즐거움과 고통이

한데 섞인 익숙지 않은 혼합이 있었습니다. 그리고 함께 있었던

모든 사람들도 대략 이런 상태로 웃다가 울다가 하는 식이었는

데, 우리들 중 한 사람, 아폴로도로스[5]는 유별나게 그랬지요. 그

b 사람과 그의 행동 방식을 아실 테지요.

에케크라테스 어찌 아니겠습니까?

파이돈 과연 그는 전적으로 그런 상태였고, 저 자신도 다른 사

람들도 혼란스러워했지요.

에케크라테스 그런데 파이돈, 거기에 있었던 사람들은 누구였나

요?

파이돈 현지 사람들로는 방금 말한 아폴로도로스, 크리토불로

스[6]와 그의 아버지,[7] 헤르모게네스,[8] 에피게네스,[9] 아이스키네

스,[10] 그리고 안티스테네스[11]가 있었습니다. 그리고 파이아니아

의 크테시포스[12]와 메넥세노스,[13] 그리고 다른 몇몇 그 지역 사람

24

들이 있었습니다. 플라톤은, 제 생각에, 병이 났었습니다.[14]

에케크라테스 다른 지역 사람들도 있었나요?

파이돈 예. 테바이 출신의 심미아스, 케베스, 파이돈데스,[15] 그   c
리고 메가라 출신 에우클레이데스,[16] 테르프시온[17]이 있었습니다.

에케크라테스 어떻습니까? 아리스티포스[18]와 클레옴브로토스[19]
도 있었나요?

파이돈 없었습니다. 그들은 아이기나[20]에 있었다고 하더군요.

에케크라테스 그 밖에도 다른 누군가가 있었나요?

파이돈 제 생각엔 대략 위에 말한 사람들이 있었던 것 같습니다.

에케크라테스 자, 그러면 어떻습니까? 논의된 것들은 무엇이었
나요?

파이돈 제가 당신께 처음부터 모든 것을 상세히 이야기해 보도
록 하지요. 실은 저와 다른 사람들은 그 앞선 날들에도 줄곧 바   d
로 그 재판이 있었던 법정에 새벽부터 모여 소크라테스에게로
가곤 했었습니다. 그곳이 감옥 근처였거든요. 그러고는 매번 옥
문이 열릴 때까지 서로 이야기를 나누면서 기다렸지요. 문이 일
찍 열리지 않았으니까요. 문이 열리면 우리는 소크라테스 곁으
로 들어가서 보통 그와 함께 하루를 보냈습니다. 특히 그날은 우   e
리가 더 일찍 모였는데, 전날 저녁 감옥을 나설 때, 델로스로부
터 배가 도착했다는 소식을 들었기 때문입니다. 그래서 우리는
모여 왔던 장소로 되도록 일찍 오라고 서로 전했지요. 우리가 도

착하자, 문지기가 우리를 맞이하던 대로 나와서는 자신이 지시할 때까지는 들어오지 말고 기다리라고 말했습니다. 그가 말했습니다. "11인회[21]가 소크라테스의 결박을 풀고 오늘 죽음을 맞도록 지시를 내리고 있어서요." 그러고는 오래지 않아 그가 왔고 우리에게 들어가라고 지시했습니다. 그래서 우리는 안으로 들어갔고, 막 결박을 푼 소크라테스와 그의 아이를 안고 옆에 앉아 있는 크산티페[22]를—이분을 알고 계시겠지요—발견했습니다. 그러자 크산티페가 우리를 보고는 울부짖으며 여인네들이 해 버릇하는 바로 그런 말을 하더군요. "소크라테스, 이제 친구들이 당신께, 그리고 당신이 그들에게 말을 건네는 것도 정말이지 마지막이네요." 그러자 소크라테스가 크리톤을 바라보며 말했습니다. "크리톤, 누가 이 사람을 집으로 데려가도록 하게."

그러자 크리톤 집안사람들 몇몇이 통곡을 하며 애통해하는 그녀를 데리고 갔습니다. 소크라테스는 침상 위로 올라 앉아 다리를 굽히고는 손으로 문질렀습니다. 그러고는 문지르면서 말했습니다. "이보게들, 사람들이 즐거움이라 부르는 이것은 얼마나 기이한 어떤 것인 듯싶은지! 그것은 그것에 반대된다고 생각되는 것, 즉 고통과는 얼마나 놀랍게 연관되어 있는지! 이 둘이 사람에게 동시에 일어나려 하지는 않을 텐데도, 만일 누군가가 둘 중 하나를 좇아 그것을 취하면 필연적으로 늘 다른 한쪽도 취하게 되기 마련이거든. 마치 그 둘이 한 머리에 붙어 있는 것처럼

26

말일세." 그는 말했습니다. "나는 만일 아이소포스[23]가 그 생각을   c
했다면 다음과 같은 이야기를 지었을 거라고 생각하네. 신이 그
것들이 다투는 것을 화해시키고자 했지만 그럴 수가 없자 그것
들의 머리를 하나로 묶어 버렸고, 이런 이유로 둘 중 어느 한쪽
이 일어난 사람에게는 나중에 다른 한쪽도 따라오게 되는 것이
라고 말일세. 나 자신의 경우에도 바로 그래 보이는 것이, 족쇄
에 의해서 다리에 고통스러움이 있고 나서는 과연 즐거움이 뒤
따라 온 것처럼 보이거든."

그러자 케베스가 받아 말했습니다. "아, 소크라테스, 제게 정
말 잘 상기시켜 주셨습니다. 당신이 아이소포스의 이야기를 운
문으로 만들어 지은 시들과 아폴론을 위한 찬가에 관해서 몇몇   d
사람들이, 특히 에우에노스[24]가 일전에 제게 물은 적이 있거든
요. 그전에는 전혀 시를 짓지 않으시더니 대체 무슨 생각이 드셨
기에 이곳에 와서는 그것들을 지으셨나 하고요. 그러니 에우에
노스가 다시 제게 물을 때―그가 물으리라는 걸 잘 아니까 드리
는 말씀입니다―답을 할 수 있길 원하신다면 어떻게 말해야 할
지를 일러 주십시오."

"그렇다면 그에게 진실을 말해 주게, 케베스." 그가 말했습니
다. "그나 그의 시들에 맞수[25]가 되려고 그것들을 지은 것이 아니   e
라―그게 쉽지 않으리란 걸 알고 있었으니까―어떤 꿈들이 무
엇을 이야기하는 것인지 시험해 보고, 혹 그 꿈들이 정말로 그런

시가를 지으라고 명하는 것이라면 신의 소임을 다하기 위해 그렇게 한 것이라고 말일세. 그 꿈들인즉 이런 것들이었다네. 과거의 삶 중에 종종 같은 꿈이 나를 찾아와서는, 그때그때 다른 모습으로 나타나기는 했지만, 똑같은 것을 이야기했다네. '소크라테스여, 시가를 짓는 일을 하라.' 그리고 나는 이전에는 그 꿈이 내가 하고 있었던 바로 그 일을 나에게 권하고 성원하는 것으로

61a 받아들였다네. 마치 달리기 주자들을 응원하는 사람들처럼, 그렇게 그 꿈은 내게도 내가 하고 있었던 바로 그 일, 즉 시가를 짓는 일을 성원하고 있다고 말이야. 철학은 가장 위대한 시가이고, 나는 그것을 실천하고 있다고 생각하면서 말이지. 그런데 지금은 재판도 끝나고, 그 신[26]의 축제가 내가 죽는 것을 지체시키고 있는 타라, 혹시 그 꿈이 내게 저 통상적인 시가를 지으라고 명하는 것이라면, 그것을 거부하지 말고 지어야만 한다는 생각이

b 들었네. 그 꿈에 따라 시를 지어서, 신의 소임을 다하기 전에 세상을 떠나지 않는 쪽이 더 안전할 테니 말일세. 이렇게 해서 우선은 지금 벌어지고 있는 축제가 기리고 있는 신을 위해 시를 지었고, 그 신 다음으로는, 시인은 시인이 되려면 이야기를 지어야지 논설을 늘어놓아서는 안 되는데,[27] 나 자신은 이야기꾼이 아니라는 생각이 들었고, 그래서 친숙하고 잘 아는 아이소포스의 이야기들 중에서 우선 떠오르는 것들로 시를 지었던 걸세. 그러니 케베스, 이 말을 에우에노스에게 전하게. 잘 지내라고, 그리

28

고 분별이 있다면 최대한 빨리 나를 따라오라고 말일세. 보아하   c
니 나는 오늘 떠나가게 될 것 같네. 아테네인들이 그렇게 명하니
말일세."

그러자 심미아스가 말했습니다. "어찌 그걸 에우에노스에게
권하시는 건가요, 소크라테스? 제가 그 사람을 여러 차례 만난
적이 있거든요. 그래서 말인데, 제가 파악하기로는 그는 결코 자
발적으로 당신을 따르지는 않을 겁니다."

"뭐라고? 에우에노스는 지혜를 사랑하는 자[28]가 아니란 말인
가?" 소크라테스가 물었습니다.

"제겐 그렇다고 생각됩니다만." 심미아스가 말했습니다.

"그렇다면 에우에노스도, 그 일[29]에 종사한다고 할 만한 모든
사람들도 그러려 할 걸세. 그렇다고 해서 스스로를 해치지는 않
겠지만 말이야. 그래서는 안 되는 법이라고들 하니까." 이 말을
하면서 그는 두 다리를 땅으로 내렸고, 이제 그렇게 앉은 채로
그 이후의 대화를 해 나갔습니다.   d

그러자 케베스가 그에게 물었습니다. "소크라테스, 스스로를
해쳐서는 안 되는 법인데 철학자는 죽은 사람을 따르려 할 거라
고 어떻게 말씀하실 수가 있는 거지요?"

"뭐라고, 케베스? 자네와 심미아스는 필롤라오스[30]와 함께 지
내면서도 그런 것들에 대해 듣지 못했단 말인가?"

"명확한 것은 아무것도요, 소크라테스."

"하긴 나 역시 들은 바를 근거로 그것들에 대해 이야기하고 있
e 는 것이네. 듣게 된 것들을 이야기하는 걸 꺼릴 건 없지. 더구나
우리가 그곳에서의 체류를 어떤 것이라 생각하는지를 검토하고
이야기해 보는 것은 저세상으로 길을 떠나려는 사람에게 무엇보
다도 적합한 일일 테니까. 해 저물 때까지의 시간 동안 다른 무
슨 일을 하겠나?"

"그러면 대체 무슨 근거로 스스로 자신을 해쳐서는 안 되는 법
이라고 말하는 것인가요, 소크라테스? 저는 당신이 방금 물은
것에 관해서 필롤라오스로부터도 그가 우리와 함께 지낼 때 이
미 들은 적이 있고, 다른 몇몇 사람들로부터도 그렇거든요. 누구
도 그래서는 안 된다고 말이지요. 하지만 누구로부터도 이것들
에 관한 명확한 설명은 듣지 못했습니다."

62a "그래도 열의를 가져야지." 그는 말했습니다. "듣게 될 수도 있
으니 말이지. 하지만 그렇다고 해도 그것[31]이 모든 일들 중 유일
하게 절대적이며, 인간에게 다른 일들이 그렇듯이 때로 어떤 이
에겐 죽는 것이 사는 것보다 나은 것이 결코 아니라면, 아마 자
네에겐 놀랄 일로 보일 걸세. 그리고 죽는 것이 더 나은 사람들이
스스로에게 좋은 일을 하는 건 불경스러운 일이고, 그들은 다른
은인을 기다려야만 한다면, 아마 자네에겐 놀랄 일로 보일 걸세."

그러자 케베스가 조용히 웃으며 자기 지역 말투로 말했습니
다. "기러니까요."[32]

"그렇다는 것이 불합리하게 생각되기는 할 거야." 소크라테스 b
가 말했습니다. "하지만 그럼에도 불구하고 거기엔 아마도 일리
가 있을 걸세. 이것들에 관해서 비전(秘傳)들을 통해 전해지는 이
야기, 즉 우리 인간들은 일종의 감옥[33] 속에 있으며 그곳으로부
터 절대로 벗어나거나 도망치려 해서는 안 된다는 말[34]은 내겐
뭔가 엄청나고 이해하기 쉽지 않아 보이네. 하지만 그럼에도 불
구하고, 케베스, 내 생각엔 다음과 같은 건 제대로 된 말일세. 신
들은 우리를 돌보는 자들이고,[35] 우리 인간들은 신들의 소유물
중 하나라는 것 말일세. 자네에겐 그렇게 생각되지 않나?"

"제겐 그렇게 생각됩니다." 케베스가 말했습니다.

"그렇다면 자네도 자네의 소유물 중 어떤 것이, 자네가 그것이 c
죽기를 바란다는 표시를 안 했음에도 불구하고 자기 자신을 죽
인다면, 그것에게 화를 낼 것이고 벌이 있다면 벌을 내리지 않겠
나?"

"물론입니다." 그가 말했습니다.

"그렇다면 아마도 그 점에서, 신이 지금 내게 주어진 것과 같
은 어떤 필연을 내려보내기 전에 자신을 죽여서는 안 된다는 것
은 불합리한 일이 아닐 걸세."

"아니, 그 점은 그럴 법해 보입니다." 케베스가 말했습니다.
"그렇지만 소크라테스, 방금 당신이 말한 것, 즉 철학자들은 태
연히 죽으려 하리라는 것, 이것은 이상해 보입니다. 만일 방금

d 우리가 말한 것, 즉 신은 우리를 돌보는 자이고, 우리는 그의 소유물들이라는 것이 이치에 맞는다면 말입니다. 왜냐하면 가장 현명한 자들이 감독자들 중 최상의 감독자, 즉 신들이 돌보고 있는 그 보살핌으로부터 떠나가면서도 노여워하지 않는다는 건 이치에 맞지 않거든요. 어쨌든 그는 자유로워짐으로써 자신이 스스로를 더 잘 돌보게 되리라고 생각하지는 않을 테니까요. 생각

e 없는 사람은 이렇게 생각할지도 모르지요. 주인으로부터는 도망쳐야만 한다고 말이지요. 그리고 좋은 주인으로부터는 도망칠 게 아니라 최대한 곁에 머물러야만 한다는 걸 헤아리지 못하고, 이 때문에 불합리하게도 도망쳐 버릴지 모릅니다. 반면 생각이 있는 사람은 어떻게든 자기보다 나은 사람 곁에 늘 있고 싶을 겁니다. 그러니 이런 식으로, 소크라테스, 아까 말하신 것의 반대가 그럴 법해 보인다는 겁니다. 현명한 사람들은 죽는 것을 노여워하는 게 그럴싸하고, 어리석은 사람들은 기뻐하는 게 그럴싸하니까요."

소크라테스는 이 말을 듣고 케베스의 철저함에 흡족해하는 것

63a 처럼 보였습니다. 그는 우리를 바라보며 말했습니다. "늘 케베스는 어떤 논변들을 추적한다니까.[36] 누가 무슨 말을 하건 결코 곧장 받아들이려 하지를 않고 말이지."

그러자 심미아스가 말했습니다. "하지만 소크라테스, 저 자신이 생각하기에도 지금은 케베스가 일리 있는 말을 하고 있는 것

같습니다. 진정으로 지혜로운 사람들이 왜 자신들보다 더 훌륭한 주인들로부터 도망쳐 태연히 해방되고 싶어 하겠습니까? 그리고 케베스는 제 생각에 당신을 향해 논변을 당기고[37] 있는 것 같습니다. 저희들과, 당신 자신이 동의한 것처럼, 훌륭한 통치자인 신들을 남겨 두고 떠나시면서 그토록 태연하시니 말입니다."

"정당한 말들일세. 내 생각에 자네들은 내가 마치 법정에서 했 b
던 것처럼 그것들에 대해 변론을 해야 한다고 말하고 있는 것 같군."

"물론입니다." 심미아스가 말했습니다.

"자 그러면 자네들 앞에서 재판관들 앞에서보다 더 설득력 있게 변론을 해 보도록 하지." 그가 말했습니다. "심미아스 그리고 케베스," 그가 말했습니다. "만일 내가 우선 다른 지혜로우며 훌륭한 신들 곁으로, 그리고 그다음으로는 이 세상 사람들보다 더 훌륭한 죽은 사람들 곁으로 가게 될 거라고 생각지 않는다면, 죽음에 노여워하지 않는 것이 잘못이겠지. 하지만 이제 잘 알아 두게. 내가 훌륭한 사람들 곁으로 가게 될 거라고 기대하고 있다는 c
점을 말일세. 이 점에 대해서 아주 단정적으로 말하진 않겠네. 그렇지만 아주 훌륭한 주인인 신들 곁으로 가게 될 것이라는 이 점에 관해서는, 잘 알아 두게나. 만일 내가 그런 일들 중 무언가에 대해서 단정적으로 말한다면, 바로 그 점에 대해서일 것임을 말일세. 이런 이유로, 나는 그렇게[38] 노여워하지 않고, 죽은 사람들에게는 무엇인가가 있으리라는, 그리고 아주 오래된 이야기처럼, 나쁜 사람들에게보다는 훌륭한 사람들에게 훨씬 더 좋은 일들이 있으리라는 희망을 가지는 것이네."

"그러면 어떻습니까, 소크라테스?" 심미아스가 말했습니다. "그 생각을 당신 자신만 지닌 채 떠날 작정인가요, 아니면 저희에게도 나누어 주실 건가요? 제가 생각하기에 그건 저희에게도

d 마찬가지로 좋은 일이고, 말씀하시는 바가 저희를 설득시킨다면, 그것은 동시에 당신에게 변론이 되기도 할 텐데요."

"안 그래도 그래 볼 참이네." 그가 말했습니다. "하지만 여기 크리톤이 아까부터 말하고 싶어 하는 것처럼 보이는 것이 무엇인지 우선 알아보세나."

"다른 게 아니라, 소크라테스, 자네에게 약을 주게 될 사람이 아까부터 내게 말하기를, 이야기를 가능한 한 적게 하라고 자네에게 일러 주어야 한다는군. 이야기를 하면 열이 지나치게 나게 되는데, 약에 그러한 영향을 주게 해서는 안 된다는 거야. 안 그

e 러면, 그렇게 하는 사람들은 때로 두 번이나 세 번까지도 마셔야만 한다는군." 크리톤이 말했습니다.

그러자 소크라테스가 말했습니다. "내버려 두게. 두 번을 주든, 필요하다면 세 번을 주든 그 사람은 자기 일이나 준비를 하도록 하게."

"그럴 줄 알고 있었네." 크리톤이 말했습니다. "하지만 그 사람

이 아까부터 성가시게 해서 말이지."

"그는 내버려 두고, 이제 나는 재판관인 그대들에게 논변을 제시하고자 하네. 진정으로 철학 속에서 삶을 보낸 사람이 죽게 되었을 때 확신을 가지는 것, 그리고 자신이 최후를 맞이하면 저승 64a 에서 최대의 좋은 것을 얻게 되리라는 희망을 가지는 것이 어떻게 내게 그럴 법해 보이는지를 말일세. 그러면 과연 어떻게 그러한지를, 심미아스 그리고 케베스, 내 설명해 보도록 하지." 그가 말했습니다.

"철학에 올바르게 종사해 온 사람들이 다름 아닌 죽음과 죽어 있음을 추구하고 있다는 사실을 다른 사람들은 알아채지 못하고 있는 것 같네. 자, 만일 이것이 참이라면, 그들이 전 생애 동안 다름 아닌 이것을 열망하면서도 정작 오랫동안 열망하고 추구해 온 것이 닥쳐왔을 때 그것에 노여워한다는 건 정말이지 이상한 일일 걸세."

그러자 심미아스가 웃으며 말했습니다. "맙소사, 소크라테스, 전혀 웃을 기분이 아닌 저를 웃게 만드시는군요. 제 생각에 대중 b 들은 바로 이 말을 듣고 철학에 대해 아주 잘 말했다고 여길 겁니다.—저희 고장 사람들도[39] 전적으로 동의할 걸요.—철학자들은 실상 죽은 목숨이고,[40] 그들이 그런 일을 겪을 만하다는 걸 대중들도 알고 있다는 것을 말입니다."

"그건 참된 말일 걸세, 심미아스. 그들이 알고 있다는 점만 제외하고 말이지. 왜냐하면 진정으로 지혜를 사랑하는 사람들이 어떤 점에서 죽은 목숨인지, 어떤 점에서 죽을 만한지, 그리고

c 어떤 죽음에 대해서 그러한지를 그들은 알지 못하고 있거든. 자, 그들은 내버려 두고 우리끼리 이야기를 해 보세. 우리는 죽음이 무엇인가라고 여기나?" 그가 말했습니다.

"물론입니다." 심미아스가 대답했습니다.

"다름 아닌 몸으로부터의 영혼의 해방이라고 말이지? 그리고 다음과 같은 것이 죽어 있음이라고, 즉 몸은 영혼으로부터 떨어져 나와 그것 자체로 있게 되고, 영혼은 몸으로부터 떨어져 나와 그것 자체로 있게 되는 것이라고 말이지? 죽음이 이것 외의 다른 것일까?"

"아닙니다. 바로 그것입니다."

"자 그렇다면, 훌륭한 이여, 과연 자네도 나와 같은 생각인지 살펴보게. 그것들을 바탕으로 우리가 탐구하고 있는 것들을 더 잘

d 이해할 수 있다고 생각되니 말일세. 자네가 보기에 철학자가 먹을 것들과 마실 것들 같은 것들에 대한 즐거움들에 열성인가?"

"조금도 그렇지 않습니다, 소크라테스." 심미아스가 말했습니다.

"성적인 즐거움들은 어떤가?"

"결코 아닙니다."

"몸을 돌보는 데 쓰이는 다른 것들은 어떤가? 자네는 그런 사

람이 그것들을 귀하게 여긴다고 생각하나? 예를 들어 돋보이는 옷들과 신발들의 소유나 몸에 관련된 다른 장신구들을 자네가 생각하기에 그가 귀하게 여기나, 아니면 정말 어쩔 수 없이 나눠 가지는 것이 아닌 한 그것들을 하찮게 여기나?" e

"제가 생각하기에 참된 철학자라면 하찮게 여깁니다." 그가 말했습니다.

"그렇다면 자네가 생각하기에 일반적으로 말해서 그러한 사람의 관심은 몸에 대해서가 아니라, 가능한 한 그것으로부터 떨어져 서서 영혼으로 향하는 것이 아닌가?" 그가 말했습니다.

"제게는 그렇게 생각됩니다."

"그러면 우선 이런 것들에서, 철학자는, 다른 사람들과 달리, 65a 영혼을 몸과 함께 지냄으로부터 최대한 분리되게 한다는 것이 분명하지 않은가?"

"그래 보입니다."

"그래도 아마 대중들의 생각에는, 심미아스, 그런 것들에 아무런 즐거움을 느끼지 않고 그것들을 전혀 나눠 가지지 않는 사람은 사는 것이라 할 수 없고, 몸을 통해 생기는 즐거움들을 전혀 고려하지 않는 사람은 죽어 있음에 가까이 다가가 있는 것이겠지?"

"정말이지 맞는 말씀입니다."

"그러면 현명함의 획득 자체에 대해서는 어떤가? 만일 누군가

가 몸을 그 추구에서 동반자로 곁에 둔다면, 그것은 방해가 될
b 까, 그렇지 않을까? 내 말은 이런 걸세. 시각과 청각이 인간에게
어떤 진실성을 가지는가, 아니면 심지어 시인들도 우리에게 늘
그렇게 읊어 대듯이, 우리는 어떤 것도 정확히 듣거나 볼 수 없
는 것인가? 몸에 관련된 감각들 중 그것들[41]이 정확하지도 명확
하지도 않다면, 다른 것들은 말할 나위도 없을 걸세. 그 다른 것
들 모두는 아마도 이것들보다 더 열등할 테니 말일세. 자네에겐
그렇게 생각되지 않나?"

"물론 그렇게 생각됩니다." 그가 말했습니다.

"그러면 영혼은 언제 진리를 포착하게 되지? 그것이 몸과 함
께 무언가를 탐구하려 할 때는 분명 그것에 의해 완전히 속게 되
거든."

c   "맞는 말씀입니다."

"그러면 있는 것들[42] 중 어떤 것이 어디에서인가 영혼에게 분
명해진다면, 그건 아마도 추론함 속에서가 아니겠는가?"

"예."

"그런데 영혼은 아마도 이럴 때 가장 훌륭하게 추론하게 될 걸
세. 다음과 같은 것들 중 어떤 것도, 그러니까 청각도 시각도 고
통도 어떤 종류의 즐거움도 영혼을 성가시게 하지 않고, 영혼이
몸과 작별한 채 최대한 그 자체로 된 채, 가능한 한 몸과 함께 지
내지도 접촉하지도 않은 상태로, 있는 것[43]을 갈망할 때 말일세."

38

"그러합니다."

"그럼 이 경우에도 철학자의 영혼은 몸을 최대한 하찮게 여기 d
고 그것으로부터 달아나 그 자체로 있게 되기를 추구하는 것이
아닌가?"

"그래 보입니다."

"그러면 이런 것들은 어떤가, 심미아스? 우리는 정의로운 어
떤 것이 그 자체로[44] 있다고 하는가? 아니면 전혀 없다고 하는
가?"

"단연코 있다고 합니다."

"아름다운 어떤 것과 좋은 어떤 것 역시도?"

"어찌 아니겠습니까?"

"그러면 자네는 그것들 중 어떤 것을 눈으로 본 적이 있나?"

"결코 없습니다." 그가 말했습니다.

"아니면 그것들을 몸을 통한 다른 어떤 감각으로 포착한 적
은? 나는 큼, 건강, 힘, 그리고 한마디로 다른 모든 것들의 존
재,[45] 즉 각각의 것이 그것인 바[46]에 대해서 말하는 걸세. 몸을 통 e
해서 그것들의 최상의 진실이 관찰되는가, 아니면 사실은 이러
한가? 즉 우리들 중에서 탐구하는 각각의 것 자체를 가장 전적으
로 가장 정확하게 사고할 준비가 된 사람이 각각의 것을 아는 것
에 가장 근접하게 될까?"

"물론 그렇습니다."

"그러면 다음과 같은 사람이 가장 순수하게 그것을 하겠지? 각각의 것에 가능한 한 사고 자체로만 접근하는 사람, 사고함에 어떤 시각도 개입시키지 않고 다른 어떤 감각도 추론과 함께 끌어들이지 않은 채로, 섞이지 않은 사고 그 자체만을 사용해 서, 있는 것들 각각을 그 자체로 섞이지 않은 채로 추적하려[47] 하는 사람, 눈과 귀, 말하자면 몸 전체로부터 최대한 해방되어 있는 사람 말일세. 몸과 함께하면 그것이 영혼을 혼란스럽게 하고, 영혼이 진리와 현명함을 획득하지 못하게 된다는 생각에서 말이지. 누군가가 그럴 거라면, 심미아스, 바로 이 사람이야말로 있는 것에 도달할 사람이 아니겠나?"

"매우 참된 말씀이십니다, 소크라테스." 심미아스가 말했습니다.

"그러면 필연적으로 이 모든 것들로부터 제대로 된 철학자들에게는 다음과 같은 어떤 생각이 들어서, 그들은 서로 간에도 이런 어떤 말을 하게 될 걸세. '마치 어떤 지름길 같은 것이 그 탐구에서 이성과 함께 우리를 이끌어 내는 듯싶습니다. 우리가 몸을 지니고 우리의 영혼이 그러한 나쁨과 뒤범벅이 되어 있는 한 우리는 열망하는 것을—우리는 그것이 진리라고 말하지요—결코 얻을 수 없으니까요. 몸은 필수적인 영양의 공급 때문에 우리에게 수많은 수고거리들을 가져다주고, 게다가 어떤 병들이라도 생기게 되면, 있는 것에 대한 우리의 추적을 방해하기 때문

66a

b

c

40

입니다. 그것은 욕정들과 욕망들과 두려움들과 갖가지의 환상들과 많은 바보짓으로 우리를 가득 채워서, 하는 말대로, 참으로 진정 그것 때문에 우리는 결코 어떤 것도 사유할 수가 없게 됩니다. 전쟁들과 내분들과 싸움들도 다름 아닌 몸과 그것의 욕망들이 초래하는 것이지요. 모든 전쟁들은 재물의 획득 때문에 일어나는 것인데, 우리는 몸 때문에 재물을 획득하지 않을 수 없   d 는 것이니 말입니다. 몸의 돌봄에 노예가 되어서 말이지요. 그리고 이것[48]으로부터 비롯하는 모든 것들 때문에 우리는 철학과 관련해서 여가 없이 살아가게 됩니다. 하지만 모든 것들 중 최악은 우리 중 누군가에게 그것으로부터의 여가가 정말로 생겨서 뭔가를 탐구해 보려 해도, 탐구 과정 중에 또다시 몸이 사방에서 끼어들어 소란과 혼란을 가져다주고 얼이 빠지게 만들기 때문에, 결국 그것으로 인해 진리를 볼 수 없게 된다는 사실입니다. 하지만 진정 우리에겐 다음과 같은 점이 밝혀졌습니다. 언제이건 우리가 무엇인가를 순수하게 알려고 한다면 우리는 몸으로부터 해방되어야만 하고, 사물들 자체를 영혼 자체에 의해서 바라보아   e 야 한다는 것 말입니다. 그리고 우리가 열망하고 그것을 사랑하는 사람이라고 우리가 말하는 것, 즉 현명함은, 위의 논변이 보여 주는 것처럼, 우리가 죽는 바로 그때서야 우리 것이 되고, 살아서는 그렇지 못할 듯싶습니다. 만일 몸과 함께는 어떤 것도 순수하게 알 수 없다면, 다음 둘 중의 하나일 테니까요. 결코 앎을

획득할 수 없거나, 혹은 죽어서나 그럴 수 있거나 말입니다. 그
때서야 영혼은 몸과 떨어져 그것 자체로 있게 될 것이고, 그 전
에는 아닐 테니 말이지요. 그리고 우리가 살아 있는 동안에는 다
음과 같은 식으로 앎에 가장 가까이 있게 될 듯싶습니다. 전적으
로 불가피하지 않다면, 최대한 몸과 어울리지도, 함께 지내지도,
그것의 성질에 감염되지도 말고, 신 자신이 우리를 풀어 줄 때까
지 그것으로부터 우리를 순수하게 하는 것입니다. 그리고 이렇
게 몸의 어리석음으로부터 해방되어 순수해짐으로써 우리는, 그
럴 법하게도, 그러한[49] 사람들과 함께 있게도 되고, 우리 자신을
통해서 모든 섞이지 않은 것을 알게 되리라는 것, 이것이 아마도
참일 겁니다. 순수하지 않은 것에 순수한 것이 포착되는 법은 없
을 테니까요.' 심미아스, 올바르게 배움을 사랑하는 모든 사람들
은 필연적으로 이러한 것들을 서로 이야기하고 믿어야만 한다고
나는 생각하네. 자네에겐 그렇게 생각되지 않는가?"

"무엇보다도 그럴 것이라고 생각됩니다." 심미아스가 말했습
니다.

"만일 그것이 참이라면, 벗이여, 내가 가는 그곳에 이르게 되
는 사람에겐, 어디에선가 그럴 거라면, 바로 그곳에서 우리에게
지난 삶 속에서 큰 관심사였던 것을 충분히 획득하게 되리라는
큰 희망이 있네. 그래서 지금 내게 부여된 이 여행은 상당한 희
망을 동반하는 것이고, 이것은 자신의 사고가 마치 정화된 상태

인 것처럼 준비되어 있다고 여기는 다른 사람들에게도 마찬가지 일세." 소크라테스가 말했습니다.

"물론입니다." 심미아스가 말했습니다.

"그런데 정화는 아까부터 논의 속에서 이야기되었던 바로 그 것이 된 셈이 아닌가? 최대한 몸으로부터 영혼을 분리하고, 영혼이 모든 면에서 몸으로부터 떨어져서 그것 자체로만 한데 모이고 서로 뭉치도록, 그리고 현재에도 미래에도 마치 사슬로부터 풀려나듯 몸으로부터 풀려나 가능한 한 오직 그 자체로만 살아가도록 길들이는 것 말일세." d

"물론입니다." 그가 말했습니다.

"그러면 이것이 죽음이라 불리는 게 아닌가? 몸으로부터의 영혼의 풀려남과 분리."

"전적으로 그렇습니다." 그가 말했습니다.

"그런데 그것을 풀려나게 하기를 늘 열망하는 건, 우리가 말하는 것처럼, 누구보다도 그리고 오로지 올바르게 철학을 하는 사람들뿐이고, 철학자들이 수행(修行)하는 바는 바로 이것이네. 몸으로부터의 영혼의 풀려남과 분리. 그렇지 않은가?"

"그래 보입니다."

"그러면 내가 처음에 말했던 것처럼, 어떤 사람이 살면서는 죽어 있는 것과 최대한 가까운 상태로 사는 준비를 하다가 막상 그 것이 자신에게 닥치자 노여워한다면, 그건 우스꽝스러운 일이 e

아니겠나?"

"우스꽝스러운 일입니다. 어찌 아니겠습니까?"

"그럼, 심미아스, 실제로 올바르게 철학을 하는 사람들은 죽는 것을 수행하는 것이고, 죽어 있는 것은 그 사람들에게 가장 덜 두려운 일이군. 이런 관점에서 한번 살펴보게. 만일 그들이 몸과는 모든 점에서 반목하면서 영혼 자체를 그것 자체로 가지기를 열망하는데, 그 일이 일어나자 겁을 내고 노여워한다면, 그건 엄청나게 불합리한 일이 아니겠냔 말일세. 그곳에 다다르면 일생
68a 을 통해 사랑해 온 것을—그들은 현명함을 사랑하지—얻게 되고, 서로 반목하며 함께 지내 온 것으로부터 해방될 희망이 있는 바로 그 장소에 그들이 기쁘게 가지 않는다면 말일세. 인간 연인들[50]과 아내들과 아들들이 죽었을 때 실로 많은 사람들이 기꺼이 하데스로 가려 했네. 그곳에서 그들이 열망했던 사람들을 보게 되고, 그들과 함께 있게 되리라는 희망에 이끌려서 말일세. 그런데 누군가가 정말로 현명함을 열망하고, 동일한 희망, 즉 하데스가 아니면 어디에서도 현명함과 제대로 만나지 못하리라는 확고한 희망을 지니고 있음에도 불구하고, 죽게 되자 노여워하고 그
b 곳에 즐거이 가지 않을 거라고? 벗이여, 진정으로 철학을 하는 사람이라면, 그는 그렇게 생각해서는 안 되네. 그에게는 그곳을 제외하고는 어디에서도 현명함과 순수하게 만나지 못하리라는 확고한 믿음이 있을 테니 말일세. 그런데 만일 사정이 이러하다

면, 방금 내가 말한 대로, 그런 사람이 죽음을 두려워한다는 건 매우 불합리하지 않겠나?" 그가 말했습니다.

"단연코, 매우 그렇습니다." 그가 말했습니다.

"그러면 자네가 죽게 됐다고 노여워하는 사람을 본다면, 그건 그가 지혜를 사랑하는 사람이 아니라 몸을 사랑하는 사람이라는 충분한 증거가 자네에게 되지 않겠나? 그리고 같은 이 사람이 아 마도 재물을 사랑하는 사람이고 명예를 사랑하는 사람일 걸세. 둘 중 하나이건 둘 다이건 말이지." 그가 말했습니다.

"물론 말씀하신 그대로입니다." 그가 말했습니다.

"그러면, 심미아스, 용기라 불리는 것 역시도 그런 상태에 있 는 사람들에게 가장 합당한 것이 아니겠나?"

"정말이지 전적으로 그렇습니다."

"절제―대중들도 절제라 부르는 것―즉 욕망들과 관련해서 흥 분되지 않고 그것을 하찮게 여기며 절도를 유지하는 것 역시 오 직 다음과 같은 사람들에게만 합당한 것이 아닌가? 몸을 가장 하 찮게 여기고 지혜에 대한 사랑 안에서 살아가는 사람들 말일세."

"필연적입니다." 그가 말했습니다.

"자네가 다른 사람들의 용기와 절제를 떠올리려 한다면, 그것 이 불합리해 보이겠지만 말이지." 그가 말했습니다.

"그건 어째서지요, 소크라테스?"

"다른 모든 사람들은 죽음을 크게 나쁜 것들에 속한다고 여기는 걸 자넨 알고 있지?" 그가 말했습니다.

"물론입니다."

"그러면 그들 중 용기 있는 자들이 죽음을 견디어 낼 때는 더 크게 나쁜 것들에 대한 두려움에 의해서 그러는 것이 아닌가?"[51]

"그렇습니다."

"그럼 철학자들을 제외한 모든 사람들은 무서워함과 무서움에 의해서 용감한 것이군. 하지만 누군가가 무서움과 비겁함에 의해 용감하다는 건 불합리한 일이네."

e   "물론입니다."

"그들 중 절도 있는 사람들은 어떤가? 그들도 동일한 일을 겪는 게 아닌가? 어떤 방종에 의해서 절제하는 일 말일세. 우리는 그것이 불가능하다고 말하지만, 그럼에도 불구하고 그들에게는 그것과 같은 종류의 일이 저 단순한 절제와 관련해서 일어나네. 그들은 다른 즐거움들을 빼앗길까 두려워하고 그것들을 욕망하는 것이기 때문에, 어떤 것들에 제압되어 또 다른 것들을 자제하는 것이거든. 우리는 즐거움에 지배되는 것을 무절제라 부르지만, 그럼에도 불구하고 저 사람들에게는 즐거움들에 제압되어 다른 즐거움들을 제압하는 일이 일어나네. 그런데 이것은 내가 방금 말했던 바, 즉 그들이 어떤 식으로 방종 때문에 절제하는 것과 같은 종류의 것이지."

69a

"그래 보입니다."

"친애하는 심미아스, 이건 덕을 위한 올바른 교환이 아니지 싶어서 말이야. 즐거움들을 즐거움들로, 고통들을 고통들로, 두려움들을 두려움들로, 마치 주화들처럼, 더 큰 것을 더 작은 것으로 교환하는 일 말일세. 오히려 이 모든 것들이 교환되어야 할 올바른 주화는 오직 현명함뿐이며, 이것만큼 그리고 이것으로 모든 것들이 사고 팔릴 때, 그것이 진정으로 용기이고 절제이고 b 정의이고 요컨대 현명함을 동반한 참된 덕일 걸세. 즐거움과 두려움과 그런 다른 모든 것들이 더해지건 빼지건 말일세. 그것들이 현명함과 떨어져서 서로 맞바뀌진다면, 그러한 덕은 일종의 그림자 그림[52]일 것이고, 실로 노예에게나 어울리며, 온전한 바도 참된 바도 없는 것일 걸세. 사실인즉 이런 모든 것들로부터의 정화 상태가 절제와 정의와 용기이고, 현명함 자체는 어떤 정화 c 의식이 아닐까 하네.[53] 그리고 우리에게 입교의식[54]을 확립해 준 사람들도 변변찮은 사람들이 아니라 실은 오랫동안 수수께끼 같은 말들 속에서 다음과 같이 이야기해 온 것일지 모르네. 입교의식에 받아들여지지 않고 입교하지 못한 상태로[55] 하데스에 이르게 된 사람은 진흙탕 속에 있게 되는 반면, 정화되고 입교한 상태로 거기에 이르게 된 사람은 신과 더불어 살게 될 것이라고 말일세. 입교의식에 관련된 사람들이 말하는 것처럼, 실상 지팡이 d 를 들고 다니는 사람은 많지만, 바코스 신도는 적으니[56] 말일세. 이 사람들이 내 의견으로는 다름 아닌 올바르게 지혜를 사랑해 온 사람이네. 나 역시 바로 그들 중의 한 사람이 되고자, 내가 할 수 있는 한에서는 삶 속에서 어떤 것도 빼놓지 않고 모든 방식으로 노력했네. 내가 올바르게 노력했는지, 그리고 뭔가를 이뤘는지는, 신이 원하신다면, 저곳에 가서 머지않아 분명히 알게 되겠

e 지. 자, 심미아스 그리고 케베스, 이것이 나의 변론일세. 자네들과 이곳의 주인들을 남겨 두고 떠나가면서도 힘들어하지도 노여워하지도 않는 것이 어떻게 그럴 법한가에 대한 논변 말일세. 그건 그곳에서도 이곳에서 못지않게 훌륭한 주인들과 벗들을 만날 거라 여기기 때문인 거지. 자, 내가 아테네의 재판관들에게보다 자네들에게 더 설득력 있게 변론을 했다면 좋겠군."

소크라테스가 이렇게 말하자 케베스가 받아 말했습니다. "소

70a 크라테스, 다른 것들은 제 생각에 잘 말씀하셨습니다만, 영혼에 관한 이야기들은 사람들에게 많은 의심을 불러일으킬 것 같습니다. 일단 영혼이 몸으로부터 해방되면, 그것은 더 이상 어디에도 있지 않고 사람이 죽는 바로 그날에 몸으로부터 해방되는 즉시 파괴되고 소멸되는 것이 아닌지, 그리고 그것은 밖으로 나오면 마치 숨결이나 연기처럼 산산이 흩어져 날아가 버려,[57] 더 이상 어떤 곳에도 있지 않게 되는 것이 아닌지 하고 말이지요. 만일 정말로 그것이 그것 자체로만 결집되어서 어딘가에 있고 당신이 방금 설명하신 나쁜 것들로부터 해방되어 있다면, 소크라테스,

b 당신이 말하는 것들이 참이라는 데 대한 크고 멋진 희망이 있겠

지요. 하지만 다음과 같은 점에 대해서는 아마도 적지 않은 해명과 논증이 필요할 겁니다. 사람이 죽었을 때도 영혼은 있으며 그것이 어떤 능력과 현명함을 가지고 있다는 점 말입니다."

"맞는 말일세, 케베스." 소크라테스가 말했습니다. "하지만 우리가 과연 무엇을 해야 할까? 그것들 자체에 대해서 그것이 그럴 법한지 그렇지 않은지 이야기 나누길 원하나?" 소크라테스가 말했습니다.

"저야 당신께서 그것들에 대해 어떤 견해를 가지셨건 기꺼이 들을 겁니다." 케베스가 말했습니다.

"내 생각에 지금 내 말을 듣고 누군가가, 설사 그가 희극 시인[58]이라 해도, 내가 수다나 떨고 있고 상관도 없는 것들에 대해 이야기를 늘어놓고 있다고 말하진 않을 걸세." 소크라테스가 말했습니다. "그러니 그렇게 생각된다면 자세히 검토해 봐야지." c

"그건 이런 어떤 식으로 검토해 보세. 과연 죽은 사람들의 영혼들은 하데스에 있는가, 아니면 그렇지 않은가? 자, 우리가 기억하는 오래된 이야기가 있네. 그 영혼들은 이곳으로부터 가서 그곳에 있다가, 다시 이곳으로 돌아와서 죽은 자들로부터 다시 태어난다는[59] 이야기 말일세. 그리고 만일 이것이 사실이라면, 즉 산 자들이 죽은 자들로부터 다시 태어난다면, 우리들의 영혼이 거기에 있지 않을 수 있겠나? 어쨌거나 그것들이 없다면, 그들은 다시 태어날 수 없을 테니 말일세. 그리고 만일 산 자들이

d　죽은 자들 외의 다른 어디로부터도 태어나지 않는다는 것이 정말로 분명해진다면, 이것은 그것이 사실이라는 데 대한 충분한 증거가 될 걸세. 만일 그렇지가 않다면 다른 어떤 논변이 필요할 것이고."

"물론입니다." 케베스가 말했습니다.

"자, 자네가 더 쉽게 알고 싶다면, 이제 인간들에 대해서만 그것을 검토할 것이 아니라 모든 동물과 식물에 대해서, 그리고 요

e　컨대 생겨남을 갖는 모든 것들에 대해서, 모두가 다음과 같은 식으로 생겨나는지를 보도록 하세. 반대되는 것들은, 그런 것을 가지는 것들의 경우에는, 반대되는 것들 외의 어떤 것으로부터도 생기지 않는가를 말일세. 예를 들어 아름다운 것은 아마도 추한 것에 반대되고, 정의로운 것은 부정의한 것에, 그리고 그 밖의 무수히 많은 것들도 그러할 걸세. 그러면 이것을 검토해 보세. 반대되는 어떤 것이 있는 것들의 경우, 그것들은 다름 아닌 그것들에 반대되는 것으로부터 생겨나는 것이 필연적인가? 예를 들어 어떤 것이 더 큰 어떤 것이 될 때, 그것은 어쨌든 이전에 더 작았던 것으로부터 더 큰 것이 생겨나는 것이 필연적인가?" 그가 말했습니다.

"예."

"그러면 더 작은 것이 되는 경우에도, 이전에 더 컸던 것으로부터 나중에 더 작은 것이 생겨날 게 아니겠나?"

"그렇습니다." 그가 대답했습니다.

"그리고 더 강한 것으로부터는 더 약한 것이, 더 느린 것으로부터는 더 빠른 것이 생겨나는 것이지?"

"물론입니다."

"어떤가? 어떤 것이 더 나쁜 어떤 것이 된다면[60] 그것은 더 좋은 것으로부터, 그리고 더 정의로운 것이 된다면 그것은 더 부정의한 것으로부터 그렇게 되는 게 아니겠나?"

"어찌 그렇지 않겠습니까?"

"그러면 이 점은 우리에게 충분히 확보되어 있는 건가? 모든 것들이 이런 식으로 생겨난다는 것, 즉 반대되는 사물들은 반대되는 것들로부터 생겨난다는 것 말일세."

"물론입니다."

"그러면 이건 또 어떤가? 그것들에게는 이런 어떤 점도 있는 가? 예를 들어 모든 반대되는 쌍 사이에는, 이것들이 둘이니 두 개의 생겨남, 즉 한쪽에서 다른 쪽으로의 생겨남과 다시 역으로 후자에서 전자로의 생겨남이 있는가? 더 큰 것과 더 작은 것 사이에는 확대와 축소가 있고, 우리는 그 한쪽을 커짐, 다른 한쪽을 작아짐이라고 부르니 말일세."

"예." 그가 말했습니다.

"그러면 분리됨과 결합됨, 차가워짐과 뜨거워짐, 그리고 이러한 모든 것들은, 때로 우리가 이름을 사용하지 않기는 하지만,

실제로는 모든 경우에 필연적으로 다음과 같은가? 그것들은 서로로부터 생겨나고, 각각의 다른 쪽으로의 생겨남이 있다는 것 말일세."

"물론입니다." 그가 말했습니다.

c   "그러면 어떤가? 삶에 반대되는 어떤 것이 있나? 자고 있음에 깨어 있음이 그렇듯 말일세."

"물론이지요." 그가 말했습니다.

"그게 무엇인가?"

"죽어 있음입니다." 그가 말했습니다.

"그러면 이것들은, 서로 반대되는 것인 한, 서로로부터 생겨나고, 그것들이 둘이니 그것들 사이의 생겨남 역시 둘이 아니겠는가?"

"어찌 그렇지 않겠습니까?"

"자, 이제 내가 자네에게 방금 말한 것들 중 한 쌍에 대해서 그 쌍 자체와 그것의 생겨남을 말하겠네. 자네는 다른 것에 대해서 내게 그렇게 해 주게." 소크라테스가 말했습니다. "내가 말할 것은 자고 있음과 깨어 있음이네. 나는 자고 있음으로부터는 깨어

d   있음이, 깨어 있음으로부터는 자고 있음이 생겨나며, 이 둘 사이의 생겨남은 잠듦과 깨어남이라고 말하겠네. 자네에겐 이것으로 충분한가, 그렇지 않은가?"

"물론 충분합니다."

"그러면 자네도 내게 그런 식으로 삶과 죽음에 대해 말해 주게." 그가 말했습니다. "삶에는 죽어 있음이 반대된다고 말하지 않겠나?"

"저는 그럴 겁니다."

"그것은 서로로부터 생겨난다고?"

"예."

"그러면 살아 있는 것으로부터 생겨나는 것은 무엇인가?"

"죽은 것입니다."

"죽은 것으로부터는 무엇이 그렇지?" 그가 말했습니다.

"살아 있는 것이라고 동의하지 않을 수 없군요." 그가 말했습니다.

"그럼, 케베스, 죽은 것들로부터 살아 있는 것들과 살아 있는 자들이 생겨나는군."

"그래 보입니다." 그가 말했습니다.

"그럼 우리들의 영혼들은 하데스에 있는 것이군."

"그런 듯싶군요."

"그러면 이것들과 관련된 두 생겨남 중에서 한쪽은 분명하지 않은가? 어쨌든 죽어 감은 분명하니 말이야. 그렇지 않은가?"

"물론입니다." 그가 말했습니다.

"그러면 우리는 어떻게 할까? 반대되는 생겨남으로 균형을 잡지 않아서 그로 인해 자연이 절름발이가 되게 할까? 아니면 죽어

e

감에 반대되는 어떤 생겨남을 돌려주어야 할까?"

"전적으로 그렇게 해야 하겠지요." 그가 말했습니다.

"그것은 무엇인가?"

"살아남입니다."

72a "그러면 만약에 살아남이라는 것이 있다면, 죽은 자들로부터의 산 자들로의 생겨남이 바로 이것, 즉 살아남이지 않겠나?" 그가 말했습니다.

"물론입니다."

"그럼 우리는 이런 식으로도 죽은 자들이 산 자들로부터 생겨나는 것 못지않게 산 자들이 죽은 자들로부터 생겨난다는 것에 동의한 셈이군. 그런데 우리는 이것이 사실이라면, 그것은 죽은 자들의 영혼들이 필연적으로 어딘가에, 즉 거기로부터 그것들이 다시 생겨나게 되는 바로 그곳에 있어야만 한다는 아마도 충분한 증거가 될 거라 생각했었네."[61]

"제가 생각하기에, 소크라테스, 합의된 것들에 근거할 때 그것이 사실임은 필연적입니다." 그가 말했습니다.

b "자, 이제는 다음과 같은 식으로, 케베스, 내게 그렇게 생각되는 것처럼, 우리가 부당하게 합의한 것이 아니라는 걸 보게. 만일 마치 원을 이루며 도는 것처럼, 생겨남에 있어서 언제나 한쪽이 다른 쪽과 균형을 이루며 생겨나는 것이 아니라, 오직 직선적으로 한쪽으로부터 그 반대쪽으로의 생겨남만이 있어서, 그것이

다른 쪽으로 다시 되돌아오지 않고 반환점 돌기[62]를 하지 않는다면, 결국 모든 것이 같은 꼴을 가지게 될 것이고, 같은 일을 겪게될 것이며, 생겨남을 그치게 되리라는 걸 자네는 아나?"

"무슨 말씀이신지?" 그가 말했습니다.

"내 말은 이해하기 어려운 게 아니네." 그가 말했습니다. "예를들어 잠듦은 있는데 그것에 대응해서 깨어남이 자고 있음으로부터 다시 생겨나지 않는다면, 결국 모든 것이 엔뒤미온[63]을 별것아니게 만들 것이고, 그는 어디에서도 드러나지 않으리라는 걸자넨 아네. 다른 모든 것들도 똑같은 일, 즉 자고 있음을 겪으니 말일세. 또 만일 모든 것이 함께 모이기는 하지만 따로 떨어지지는 않는다면, 아낙사고라스가 말하는 '모든 것이 한데'[64]가 당장일어나게 될 걸세. 마찬가지로, 친애하는 케베스, 만일 삶의 몫을 가진 모든 것은 죽게 되는데, 일단 죽고 나면 죽은 것들은 같은 꼴로 머무르고 다시 살아나지 않는다면, 결국에는 모든 것이죽어 있게 되고, 어떤 것도 살아 있지 않게 되는 것이 매우 필연적이지 않겠나? 산 것들은 다른 것들로부터 생겨나는데, 산 것들이 죽는다면, 무슨 수로 모든 것이 죽어 있음으로 소진돼 버리지 않게 한단 말인가?"

"단 한 가지 수도 없다고 생각됩니다, 소크라테스. 제가 생각하기에 전적으로 맞는 말씀입니다." 케베스가 말했습니다.

"그렇다는 건, 케베스, 내 생각에 무엇보다도 확실하네. 그리고 우리는 속아서 바로 그것들에 동의한 것이 아니고, 살아남, 죽은 자들로부터 산 자들이 태어남, 그리고 죽은 자들의 영혼이 있음은 실제로 있는 것이네." 그가 말했습니다.

e "거기에다가," 케베스가 받아서 말했습니다. "당신이 종종 이 야기하곤 하는 그 주장, 즉 우리에게 있어서 알게 됨은 다름 아 닌 상기라는 주장에 따라서도 그러합니다, 소크라테스. 만일 그 주장이 참이라면 말입니다. 그 주장에 따르면 우리는 지금 상기 하는 것을 필연적으로 이전의 어떤 시간에 알게 되었어야 합니

73a 다. 그런데 만일 우리의 영혼이 인간의 모습으로 태어나기 전에 어딘가에 있지 않았다면 그것은 불가능합니다. 따라서 이 주장 에 의해서도 영혼은 불사인 어떤 것인 듯싶습니다."

"그런데 케베스, 그것들에 대한 증명이 어떤 식이었지? 내게 상기시켜 주게. 지금 내가 잘 기억이 나지 않아서 말이야." 심미 아스가 받아 말했습니다.

"그건 정말 멋진 하나의 논변에 의해서라네. 즉 누군가가 질문 을 잘하기만 하면 질문을 받은 사람들은 스스로 모든 것들을 사 실 그대로 이야기할 수 있는데, 만일 지식과 올바른 설명이 그들 안에 있지 않다면 그들은 그럴 수가 없을 것이거든. 그래서 누군

b 가가 도형들이나 그런 종류의 다른 어떤 것으로 인도하면, 여기 에서 그것이 사실임이 가장 명백히 밝혀진다는 거지."[65] 케베스 가 말했습니다.

"만일 자네가 그것에는 설득되질 않는다면, 심미아스, 이런 어떤 식으로 고찰하면 동의할 수 있을지 살펴보게. 자네는 과연 어떻게 알게 됨이라 불리는 것이 상기인지가 미심쩍은 거지?" 소크라테스가 말했습니다.

"저로서는 그걸 미심쩍어하는 것은 아니고, 그 주장이 논의하고 있는 바 자체를 겪을, 그러니까 상기될 필요가 있는 겁니다. 사실은 케베스가 이야기하려 했던 것으로부터 저는 이미 거의 상기도 되었고 설득도 되었습니다. 하지만 방금 당신이 어떻게 이야기하려 했는지를 듣고 싶기도 하군요." 심미아스가 말했습니다.

"나는 이렇게 이야기하려 했네." 그가 말했습니다. "만일 누군가가 뭔가를 상기하게 된다면 그는 그것을 이전의 어떤 때에 알고 있었어야만 한다는 데 아마도 우리는 동의할 걸세." ᶜ

"물론입니다." 그가 말했습니다.

"그러면 이런 점에 대해서도 우리는 동의하나? 지식이 다음과 같은 식으로 생겨날 때 그것은 상기라고 말일세. 내 말은 이런 식으로 말이네. 만일 누군가가 어떤 것을 보거나 듣거나 다른 어떤 감각지각을 가지게 되었을 때, 그것 자체만을 알아보는 것이 아니라 다른 어떤 것 또한, 그것에 대한 지식은 같은 것이 아니라 다른 것임에도 불구하고, 떠올리게 된다면, 그는 그 관념의 대상을 상기한 것이라고 정당하게 말할 수 있지 않을까?"

d   "무슨 말씀이신지?"

"예를 들어 이런 것들 말일세. 사람에 대한 지식과 뤼라[66]에 대한 지식은 아무튼 다른 것이지?"

"어찌 아니겠습니까?"

"자, 사랑하는 사람들이 뤼라나 외투나 그들의 연인들[67]이 사용하곤 했던 다른 어떤 것을 보게 되면 다음과 같은 일을 겪는다는 걸 자네는 아네. 그들은 그 뤼라를 알아보고 마음속으로 그 뤼라의 주인인 소년의 모습을 떠올리겠지? 이것은 상기일세. 마찬가지로 누군가가 심미아스를 보고 종종 케베스를 상기하게 되고, 그 밖에도 이러한 일들은 아마도 수없이 많을 거야."

"맹세코 수없이 많습니다." 심미아스가 말했습니다.

e   "그러면 그러한 것이 일종의 상기가 아닌가?" 그가 말했습니다. "특히 누군가가 세월과 무관심으로 인해 잊어버렸던 것들과 관련해서 이런 일을 겪을 때 그러하겠지?"

"물론이지요." 그가 말했습니다.

"어떤가? 그려진 말이나 그려진 뤼라를 보고 사람을 상기할 수도 있고, 그려진 심미아스를 보고 케베스를 상기하게 될 수도 있지?"

"물론입니다."

"그러면 그려진 심미아스를 보고 심미아스 자신을 상기할 수도 있지 않나?"

"그러합니다." 그가 말했습니다.

"그러면 이 모든 것들에 따르면, 상기는 유사한 것들로부터도 유사하지 않은 것들로부터도 비롯하는 셈이 되는 게 아닌가?"

"그런 셈입니다."

"한데 누군가가 유사한 것들로부터 무언가를 상기할 때는 필연적으로 이런 일을 더불어 겪게 되지 않나? 그것[68]이 유사성에 있어서 그가 상기한 것에 비해 뭔가 부족한지 그렇지 않은지를 떠올리는 일 말일세."

"필연적으로 그렇습니다."

"그러면 이것들이 사실인지 검토해 보게." 그가 말했습니다. "우리는 같은 어떤 것[69]이 있다고 말하겠지? 나는 목재를 목재와, 돌을 돌과, 그리고 그런 종류의 다른 것들을 그렇다고 말하는 게 아니라, 이 모든 것들 외의 다른 어떤 것, 즉 같음 자체를 말하는 걸세. 우리는 그런 뭔가가 있다고 말하나, 아니면 전혀 없다고 말하나?"

"맹세코 있다고 말할 겁니다." 심미아스가 말했습니다. "굉장
하게도요."

"그리고 우리는 그것이 무엇인지 알기도 하는가?"

"물론입니다." 그가 말했습니다.

"그건 무엇으로부터 그것에 대한 지식을 얻어서이지? 우리는 방금 이야기했던 것들로부터, 즉 목재들이나 돌들이나 다른 어

떤 같은 것들을 보고서, 이것들로부터 이것들과는 다른 저것[70]을 떠올린 게 아닌가? 아니면 자네에겐 그것이 다른 것으로 보이지 않나? 이렇게도 생각해 보게. 돌들이나 목재들은 같은 것들이면서도 때로 어떤 것과는 같게, 어떤 것과는 같지 않게[71] 보이지 않나?"

"물론이지요."

c "그런데 어떤가? 같은 것들 자체[72]가 언젠가 자네에게 같지 않아 보이거나 같음이 같지 않음으로 보인 적이 있었나?"

"결코 없습니다, 소크라테스."

"그럼 같은 것들과 같음 자체는 동일한 것이 아니군." 그가 말했습니다.

"제겐 절대 그래 보이지 않습니다, 소크라테스."

"그렇지만 바로 이 같은 것들로부터, 그것들이 저 같음과 다름에도 불구하고, 자네는 그것[73]에 대한 지식을 떠올렸고 얻은 것이지?" 그가 말했습니다.

"가장 참된 말입니다."

"그것들과 유사하건 유사하지 않건 말이지?"

"물론입니다."

d "뭐 차이는 없네. 어떤 것을 보고 이 봄으로부터 다른 어떤 것을 떠올리는 한, 그것이 유사하건 유사하지 않건 간에, 필연적으로 이것은 상기이네." 그가 말했습니다.

60

"물론입니다."

"그런데 어떤가? 목재들이나 방금 이야기한 같은 것들과 관련해서 우리가 이러한 일을 겪나? 그것들이 우리에게 같은 것 자체처럼 같아 보이나? 그것들은 같음처럼 그러하기에는 뭔가 부족한가, 아니면 전혀 그렇지 않은가?" 그가 말했습니다.

"매우 많이 부족하지요." 그가 말했습니다.

"그러면 우리는 다음과 같은 것에 동의하는 건가? 어떤 사람이 뭔가를 보고서 '지금 내가 보고 있는 이것은 있는 것들 중의 다른 어떤 것과 마찬가지이기를 원하지만, 그러기엔 부족하고, 그것처럼 그러할 수 없으며, 더 열등하다.'라고 생각할 때, 이 생각을 하는 사람은 필연적으로 그가 그것과 유사하지만 그것이기엔 부족한 상태라고 말하는 저 대상을 어쨌든 이전에 알고 있었어야만 한다는 것 말일세." e

"그건 필연적입니다."

"그러면 어떤가? 우리들도 같은 것들과 같음 자체와 관련해서 그러한 일을 겪었나, 아니면 그렇지 않은가?"

"전적으로 그렇습니다."

"그럼 필연적으로 우리는 같은 것들을 보면서 이 모든 것들은 75a 같음처럼 되기를 요구하지만 부족한 상태라는 것을 처음으로 떠올렸던 저 때보다 먼저 같음을 알고 있었어야만 하는군."

"그러합니다."

"하지만 우리는 다음과 같은 것에도 동의하고 있네. 우리가 그것을 떠올렸고 또 떠올릴 수 있었던 것은 다른 어떤 것으로부터가 아니라, 봄이나 만짐이나 혹은 다른 어떤 감각지각으로부터라는 것 말일세. 나는 이 모든 것들을 같다고 치고 있네."

"그 주장이 밝히고자 하는 바와 관련해서는 물론 같지요, 소크라테스."

"하지만 감각지각들의 범위 안에 있는 모든 것들이 저 같은 것을 욕구하지만 그것보다 더 부족하다는 것을 우리는 사실 감각
b 지각들로부터 떠올려야만 하네. 아니면 어떻게 말하겠나?"

"그렇게 말할 겁니다."

"그럼 보고 듣고 다른 감각을 사용하기 전에 우리는 같음 자체가 무엇인가에 대한 지식을 어떤 식으로든 얻었어야 했었군. 감각지각들로부터 비롯한 같은 것들을 저것에게로 되돌려서, 그런 모든 것들은 저것 같기를 열망하기는 하지만 그것보다 열등하다는 걸 떠올리려면 말일세."

"앞서 이야기된 것들로 미루어 그건 필연적입니다, 소크라테스."

"그러면 우리는 태어나자마자 보고 듣고 다른 감각지각들을 한 것이 아닌가?"

"물론입니다."

c "그런데 같음에 대한 앎은 그것들에 앞서서 얻었어야만 했다

고 우리는 말하나?"

"예."

"그럼 필연적으로 우리는 그것을 태어나기 전에 얻었어야 하는 것으로 보이는군."

"그래 보입니다."

"그러면 만일 우리가 그것을 태어나기 전에 얻어서 그것을 가진 채로 태어났다면, 우리는 태어나기 전에도 태어난 직후에도 같음과 더 큼과 더 작음뿐만 아니라, 그러한 모든 것들을 알고 있었던 게 아닌가? 왜냐하면 지금 우리의 논의는 같음에 못지않게, 아름다움 자체와 좋음 자체와 정의로움과 경건함과, 내가 말하듯이, 우리가 물음들 속에서 묻고 답변들 속에서 답하면서,[74] '있는 것'[75]이라고 이름 붙이는 모든 것들에 해당되니 말일세. 따라서 필연적으로 우리는 이 모든 것들에 대한 지식들을 태어나기 전에 얻었어야만 하네."

"그렇습니다."

"그리고 그것들을 얻고 나서 그때마다 잊어버리지 않았다면, 필연적으로 우리는 언제나 아는 상태로 태어나 평생 동안 늘 알고 있어야만 하네. 왜냐하면 안다는 것은 바로 이것, 즉 지식을 얻어 그것을 소유하고 잊어버리지 않는 것이니 말일세. 혹 이것, 즉 지식의 상실을 우리는 망각이라 부르는 것이 아닌가, 심미아스?"

e "전적으로 그렇습니다, 소크라테스." 그가 말했습니다.

"그런데 내 생각에, 만일 우리가 태어나기 전에 얻고서는 태어나면서 잊어버렸지만, 나중에 그것들과 관련해서 감각들을 사용해 그 이전에 언젠가 우리가 가지고 있었던 저 지식들을 다시 얻게 된다면, 우리가 알게 됨이라 부르는 것은 제 것이었던 지식을 다시 얻는 것이 아니겠나? 그리고 이것은 아무튼 상기된 것이라고 말한다면 올바르게 말하는 게 아니겠나?"

"물론입니다."

76a "그렇지. 이런 건 가능해 보였거든. 어떤 것을 지각할 때, 그것을 보았건 들었건 다른 어떤 지각을 가졌건, 그것으로부터 잊어버리고 있었던 다른 어떤 것을, 이것이 앞의 것과 유사하지 않은 것으로서 연관되건 유사한 것으로 연관되건 간에, 떠올리는 일 말일세. 따라서 내 말처럼 다음의 둘 중 하나일세. 우리 모두는 그것들을 아는 채로 태어나 평생 그것을 알고 있거나, 그렇지 않으면 우리가 알게 된다고 하는 사람들은 나중에 다름 아닌 상기를 하는 것이고, 알게 됨은 상기이거나 말일세."

"정말로 그렇습니다, 소크라테스."

"그러면 심미아스, 어느 쪽을 선택하겠나? 우리가 아는 채로
b 태어난다는 쪽인가, 아니면 이전에 그것에 관해 지식을 가지고 있었던 것들을 나중에 상기한다는 쪽인가?"

"현재로서는 선택을 못 하겠습니다, 소크라테스."

"그러면 어떤가? 이런 건 선택할 수 있겠나? 그리고 이것에 관해서는 자넨 어떻게 생각하나? 알고 있는 사람은 자신이 알고 있는 것들에 대해서 설명을 제시할 수[76] 있을까, 그렇지 않을까?"

"그건[77] 매우 필연적입니다, 소크라테스."

"자네는 정말 모든 사람이 방금 우리가 이야기했던 것들[78]에 대해서 설명을 제시할 수 있을 거라고 생각하는 건가?"

"그러길 바라고 싶습니다만." 심미아스가 말했습니다. "저는 오히려 내일 이맘때쯤이면 어떤 사람도 그걸 제대로 할 수 없게 되지 않을까가 훨씬 더 걱정입니다."

"그럼 자네는 모두가 그것들을 안다고는 생각하지 않는군?" c
그가 말했습니다.

"결코요."

"그럼 그들은 언젠가 알게 되었던 것을 상기하는 것이로군?"

"필연적으로요."

"언제 우리의 영혼이 그것들에 대한 지식을 가지게 되었을까? 우리가 인간으로 태어나고 나서는 분명 아닐 테고."

"물론 아니지요."

"그럼 그 이전이겠군?"

"예."

"그럼 영혼들은 인간의 모습으로 있기 전에도 몸들과 떨어진 채 있었고 현명함을 지니고 있었군, 심미아스."

"우리가 혹시 태어남과 동시에 그 지식들을 얻는 것이 아니라면요, 소크라테스. 그 시간이 아직 남아 있거든요."

d "알겠네, 벗이여. 그런데 우리가 그것들을 어떤 다른 시간에 잃게 되는 건가? 방금 우리가 동의한 바에 따르면, 우리가 그것들을 가지고 태어난 건 아닐 테니 말일세. 우리는 그것들을 얻는 바로 그 순간 잃어버리는 건가, 아니면 자네는 다른 어떤 시점을 댈 수 있나?"

"전혀요, 소크라테스. 저도 모르게 제가 말도 안 되는 이야기를 했군요."

"우리에게 그러면 사실은 이렇게 되는 건가, 심미아스? 만일 우리가 늘 되풀이해 말하는 것들, 즉 어떤 아름다운 것, 좋은 것, 그리고 그와 같은 모든 존재가 있고, 우리가 이전에 있었던 것이

e 우리 것임을 재발견해서, 감각들로부터 비롯하는 모든 것들을 이것에게로 되돌리고 전자를 후자와 비교한다면, 바로 이것들[79]이 있는 것처럼 필연적으로 우리의 영혼도 우리가 태어나기 전에 있어야만 하며, 만일 이것들이 있지 않다면 이 이야기는 괜한 짓이 되는 것인가? 이것이 사실이며, 그것들과 우리의 영혼들이 우리가 태어나기 전에도 있음은 똑같이 필연적이고, 그것들이 있지 않다면 우리들의 영혼들 역시 그렇지 않은 것인가?" 그가 말했습니다.

77a "엄청나게도, 소크라테스, 제 생각엔 동일한 필연성[80]이 있습

66

니다. 그리고 우리의 논증은 태어나기 전 우리의 영혼과 당신이 지금 이야기하는 존재가 마찬가지로 있다는 것으로 절묘하게 피신하는군요.[81] 왜냐하면 그러한 모든 것들, 즉 아름다움과 좋음과 방금 당신이 이야기한 모든 것들이 가능한 한 최대한으로[82] 있다는 것, 이것보다 명백한 것이 제겐 없거든요. 그리고 그것은 충분히 증명되었다고 저는 생각합니다." 심미아스가 말했습니다.

"그렇다면 케베스는 어떤가?" 소크라테스가 말했습니다. "케베스 역시 설득시켜야 하니."

"제가 생각하기로는 충분할 겁니다." 심미아스가 말했습니다. "물론 논의들을 의심스러워하는 데 있어서 그가 인간들 중에 가장 완강하기는 하지만, 그 역시도 우리가 태어나기 전에 우리의 영혼이 있었다는 것에 대해서는 부족함 없이 설득되었다고 생각됩니다. 그렇지만 우리가 죽은 다음에도 여전히 그것이 있을지는 저 자신에게도, 소크라테스, 증명되었다고 생각이 되질 않고, 조금 전[83] 케베스가 말한 것, 즉 사람이 죽으면 그와 동시에 그의 영혼은 흩어져 버리고, 이것이 그것의 있음의 끝이 아닌가 하는 대중들의 걱정이 여전히 막아서고 있습니다.[84] 왜냐하면 영혼이 다른 어딘가로부터 결합되어 생겨나고 인간의 몸으로 들어오기 전에도 있는 것이긴 하지만, 그것이 몸으로 들어오고 그것으로부터 해방되고 나면 최후를 맞이하고 소멸하지 말란 법이 없지 않습니까?"

c   "말 잘했네, 심미아스. 증명되어야 할 것 중 절반, 즉 우리의 영혼이 우리가 태어나기 전에도 있었다는 것만이 증명된 것으로 보이거든. 증명이 완결되려면 죽은 다음에도 태어나기 전에 못지않게 그렇다는 것이 더불어 증명되어야만 하네." 케베스가 말했습니다.

    "그건 현재로서도 증명되어 있네, 심미아스 그리고 케베스." 소크라테스가 말했습니다. "자네들이 그 주장[85]을 우리가 그것 전에 동의했던 것, 즉 살아 있는 모든 것은 죽은 것으로부터 생

d 겨난다는 것과 하나로 결합할 거라면 말일세. 만일 영혼이 이전에도 있고, 그것이 삶으로 들어와 태어나는 것이 필연적으로 다름 아닌 죽음과 죽어 있음으로부터의 태어남이라면, 그것은 어쨌든 다시 태어나야만 하니, 그것이 죽은 다음에도 있는 것이 어찌 필연적이지 않을 수 있겠나? 그러니 자네들이 말했던 것은 현재로서도 증명되어 있네. 그럼에도 불구하고 내 생각에 자네와 심미아스는 이 점[86]도 한층 더 자세히 검토해 보고 싶은 것 같군. 그리고 자네들은 마치 어린아이들처럼, 몸으로부터 빠져나온 영

e 혼을 정말로 바람이 흩날리게 하지나 않을까, 특히 누군가가 고요한 날이 아니라 강풍 부는 날에 죽기라도 한다면 그렇지 않을까 겁을 먹은 것 같군."

    그러자 케베스가 웃으며 말했습니다. "소크라테스, 마치 우리가 겁먹은 듯 설득해 보시지요. 아니 우리가 겁먹은 듯이 아니

라, 어쩌면 우리 안에도 어떤 어린아이가 있어서 그런 일들을 두려워하고 있는 듯이요. 자, 이 아이가 죽음을 마치 도깨비[87]인 듯 겁내지 않도록 설득해 보십시오."

"하지만 그것을 내쫓을 때까지 그 아이에게 매일 주문을 외워 줘야 하는데." 소크라테스가 말했습니다.

"그러면 어디서 그 일들을 위한 훌륭한 주술사를 찾아낸다지 78a 요, 소크라테스? 당신이 우리를 떠나가시는 마당에 말입니다." 그가 말했습니다.

"헬라스는 넓다네,[88] 케베스. 그 안에는 아마도 훌륭한 사람들이 있을 것이고, 이방인 종족들도 많네. 그들 모두를 그런 주술사를 찾으면서 샅샅이 뒤져야만 하네. 돈도 수고도 아끼지 말고 말일세. 돈을 쓰기에 그보다 더 알맞은 대상은 없을 테니까. 그리고 자네들 자신들도 또한 서로서로 찾아봐야만 하네. 이 일을 자네들 자신들보다 더 잘할 수 있는 사람들을 발견하기가 쉽지 않을 테니까." 그가 말했습니다.

"안 그래도 그건 꼭 그렇게 될 테니, 우리는 제쳐 두었던 주제로 다시 돌아가지요. 당신이 그러고 싶다면 말입니다." 케베스가 b 말했습니다.

"그러고 싶고말고. 어찌 그렇지 않겠나?"

"말씀 감사합니다." 그가 말했습니다.

"그러면 우리는 다음과 같은 어떤 것을 스스로에게 물어야만 하지 않을까?" 소크라테스가 말했습니다. "과연 어떤 종류의 것이 그 일, 즉 흩날려짐을 겪기 마련인지, 어떤 종류의 것에 대해서 그런 일을 겪지 않을까 걱정해야 하는지, 그리고 어떤 것이 그렇지 않은지를 말일세. 그리고 그다음으로 이번에는 영혼이 그 둘 중 어느 쪽인지를 검토하고, 그것을 바탕으로 우리의 영혼에 대해서 확신하든지 걱정하든지를 해야 하지 않겠나?" 그가 말했습니다.

"맞는 말씀입니다." 그가 말했습니다.

c   "그러면 결합되어 있고 본성상 결합체인 것은 이런 일을 겪기 마련인가? 그것이 결합된 바로 그 방식으로 해체되는 일 말일세. 반면 어떤 것이 비결합적이라면, 오직 이것만이, 만일 무엇인가가 그러하다면, 그런 일을 겪지 않기 마련이고?"

"제 생각에 그건 사실입니다." 케베스가 말했습니다.

"그러면 항상 같은 식이고 그대로 있는 것들, 이것들은 가장 비결합적일 법하고, 그때그때 다르게 그리고 결코 같은 식으로 있지 않은 것들, 그것들은 결합적일 법하지 않나?"

"제겐 그렇게 생각됩니다."

d   "그러면 앞선 논의[89]에서 다루어졌던 것들로 돌아가세. 우리가 질문을 하고 대답을 하면서[90] 그것의 있음에 대해 설명을 제시하는[91] 그 존재[92] 자체는 항상 그대로 같은 식으로 있나, 아니면 그때그때 다르게 있나? 같음 자체, 아름다움 자체, 각각의 있는 것

자체, 즉 있음[93]은 어떠한 변화라도 받아들이는 적이 있나? 아니면 이들 각각의 있는 것은 그 자체로 한 모습이어서, 그대로 같은 식으로 있고, 어느 때에도 어떤 점에서도 어떻게도 결코 달라짐을 받아들이지 않나?" 그가 말했습니다.

"그대로 같은 식으로 있는 게 필연적입니다, 소크라테스." 케베스가 말했습니다.

"여러 아름다운 것들, 예를 들어 사람들이나 말들이나 외투   e 들이나 그 밖의 다른 것들, 또는 같은 것들이나 저것들[94]과 같은 이름을 가진 모든 것들은 어떤가? 그것들은 같은 식으로 있는가, 아니면 저것들과는 정반대로, 자기 자신에게도 다른 것들에게도, 어느 때에도, 말 그대로 어떻게도 같은 식으로 있지 않은가?"

"그것들의 경우에는 그런 식입니다. 그것들은 결코 그대로 있지 못합니다." 케베스가 말했습니다.

"그러면 자네는 이것들을 만질 수도, 볼 수도, 다른 감각들로   79a 지각할 수도 있지만, 같은 식으로 있는 것들은 사고를 통한 추론 외의 다른 어떤 것에 의해서도 파악할 수 없으며, 그러한 것들은 비가시적이고 보이지 않는 것인가?"

"전적으로 맞는 말씀입니다." 그가 말했습니다.

"그러면 두 종류의 있는 것들을 놓을까? 보이는 것과 비가시적인 것을?"

"그렇게 놓지요."

"그리고 비가시적인 것은 항상 같은 식으로 있는 것으로, 보이는 것은 결코 같은 식으로 있지 않는 것으로?"

"그것 역시 놓지요." 그가 말했습니다.

b "자, 그러면 우리들 자신의 한 부분은 몸이고 다른 부분은 영혼이 아닌가?" 그가 말했습니다.

"바로 그렇습니다."

"그러면 몸은 그중 어느 종류와 더 유사하고, 더 동류일 거라고 말하지?"

"누구에게나 이건 분명합니다. 보이는 것과 그렇습니다."

"영혼은 어떤가? 보이는 것인가 비가시적인 것인가?"

"인간들에 의해서는 보이지 않습니다, 소크라테스." 그가 말했습니다.

"하지만 우리는 보이는 것들과 그렇지 않은 것들을 인간들의 본성과 관련해서 이야기하고 있었네. 다른 어떤 것과 관련해서였다고 생각하나?"

"인간들의 본성과 관련해서였지요."

"그러면 영혼에 대해서 우리는 어떻게 이야기하나? 그건 보이는 것인가, 아니면 비가시적인 것인가?"

"보이는 것이 아닙니다."

"그럼 비가시적이군."

"예."

"그럼 영혼은 몸에 비해 비가시적인 것과 더 유사하고, 몸은 보이는 것과 더 유사하군."

"전적으로 필연적입니다, 소크라테스."   c

"자, 이전에[95] 우리는 이런 이야기도 하지 않았나? 영혼이 어떤 것을 탐구하면서 몸을 이용할 때에는 봄을 통해서건, 들음을 통해서건, 다른 어떤 감각을 통해서건―감각을 통해 무언가를 탐구하는 것, 이것은 몸을 통해서 하는 것이니 말일세―몸 때문에, 결코 같은 식으로 있지 않은 것들에게로 끌려가게 되고, 그런 것들을 붙잡고 있기 때문에, 마치 술에 취한 듯, 헤매고 혼란스러워하며 어지러워한다고 말일세."

"물론입니다."

"반면 영혼이 그것 자체로 탐구할 때에는 순수하고 항상 있고   d
불사적이고 그대로 있는 것들에게로 떠나가서, 자신이 그것과 한 종류이기 때문에 늘 그것과 함께 있게 되네. 영혼이 그 자체로 있게 되고 그럴 수 있을 때면 말일세. 그리고 그런 것들을 붙잡고 있기 때문에, 그것은 헤매는 것도 그치고 저것들 곁에서 항상 같은 식으로 그대로 있게 되네. 그리고 영혼의 이러한 상태가 현명함이라 불리는 것이지?"

"전적으로 제대로 맞게 말씀하셨습니다. 소크라테스." 그가 말했습니다.

e "그러면 이번에는 앞서 이야기한 것들과 방금 이야기한 것들로 미루어 자네에겐 영혼이 어느 쪽과 더 유사하고 더 동류라고 생각되나?"

"제 생각엔 모두가, 심지어 가장 아둔한 사람조차도, 소크라테스, 이 논의의 진행[96]을 근거로 다음과 같은 것에 동의할 겁니다. 영혼은 항상 그대로 있는 것과, 그렇지 않은 것보다 전적으로 그리고 모든 점에서 더 유사하다는 것을 말입니다."

"몸은 어떤가?"

"다른 쪽과 그러합니다."

80a "그러면 이런 식으로도 보게. 영혼과 몸이 같은 곳에 있을 때 자연은 한쪽에는 종노릇하고 지배될 것을, 다른 쪽에는 지배하고 주인 노릇 할 것을 명한다는 것을 말일세. 그리고 이에 따르면 이번에는 어느 쪽이 신적인 것과 유사하고, 어느 쪽이 사멸하는 것과 유사하다고 자넨 생각하나? 자네 생각에 신적인 것은 본성상 지배하고 이끄는 반면, 사멸하는 것은 지배 받고 종노릇하는 것처럼 보이지 않나?"

"제겐 그렇습니다."

"그렇다면 영혼은 어느 쪽과 유사해 보이나?"

"그건 아주 명백합니다, 소크라테스, 영혼은 신적인 것과, 몸은 사멸하는 것과 그렇습니다."

"그러면 케베스, 이 모든 이야기들로부터 우리가 다음과 같은

결론을 내릴 수 있는지 살펴보게. 신적이고 불사적이며 가지적   b
(可知的)[97]이고 한 모습이고 해체되지 않고 늘 그 자체로 스스로
와 같게 있는 것과 가장 유사한 것은 영혼이고, 인간적이고 사멸
하고 비가지적(非可知的)[98]이고 여러 모습이고 해체되고 결코 그
자체로 자신과 같게 있지 못하는 것과 가장 유사한 것은 몸이라
고 말일세. 친애하는 케베스, 이에 반해서 뭔가 그렇지 않다고
말할 거리가 있나?"

"없습니다."

"그러면 어떤가? 그것들이 그러하다면, 몸은 빨리 해체되기
마련이고, 영혼은 전혀 그렇지 않거나 그에 가깝기 마련인가?"

"어찌 그렇지 않겠습니까?"   c

"그러면 자네도 이런 걸 알고 있을 걸세. 사람이 죽으면 그의
보이는 부분, 즉 몸은 보이는 세계에 놓이는데, 바로 이것이 우
리가 시체라 부르는 것이네. 그것은 해체되고 부서지고 흩어지
기 마련이지만, 곧바로 그런 일들 중 무엇인가를 겪지 않고 꽤
오랜 시간 동안 보존되기도 하지. 만일 누군가가 양호한 몸 상태
로, 그리고 그러한 나이에 죽으면, 더더욱 말일세. 이집트에서
방부 처리가 된 사람들이 그런 것처럼, 몸이 쪼그라들어 방부 처
리가 되면, 그것은 거의 온전한 상태로 엄청난 시간 동안 유지되
거든. 몸의 몇몇 부분들, 즉 뼈와 힘줄과 그런 모든 것들은 비록   d
몸이 썩더라도, 시쳇말로, 불사일세. 그렇지 않은가?"

"예."

"그럼 비가시적인 것인 영혼이 그런 성격을 가지는 다른 장소로, 고귀하고 순수하며 보이지 않는 그곳으로, 하데스의 참된 거처[99]로, 훌륭하고 현명한 신의 곁으로, 신이 바라신다면 나의 영혼 역시 가야만 할 그곳으로 가는데, 우리에게 있어서 그러한 성격을 가지며 그러한 본성을 지닌 영혼 자신은, 대중들이 말하듯, 몸으로부터 해방되자마자 곧바로 흩어져 소멸해 버릴까? 어림없는 얘길세, 친애하는 케베스 그리고 심미아스. 오히려 다음과 같은 것이 훨씬 더 참일 걸세. 만일[100] 영혼이 몸에 속하는 것을 함께 끌고 가지 않은 채 순수한 상태로 몸으로부터 해방되면, 그것은 사는 동안 자발적으로는 절대로 몸과 함께 지내지 않고, 오히려 그것을 피하며, 스스로 자기 자신에게로 결집시켜 왔기 때문에, 늘 이것을 수행해 왔기 때문에―이것은 다름 아닌 올바르게 철학을 하고 태연히 죽는 것을 수행하는 것이네. 이것이 죽음의 수행이 아니겠는가?"

e

81a

"전적으로 그렇습니다."

"그러면 그런 상태에 있는 영혼은 자신과 유사한 비가시적인 것, 즉 신적이고 불사이며 현명한 것에게로 떠나가게 되는데, 그곳에 이르게 되면 그것에게는 행복이 몫으로 주어지고, 그것은 방황, 무지, 공포, 거친 욕망, 그리고 그 밖의 나쁜 인간사들로부터 해방되어, 비교의식을 치른 사람들[101]에 대해 하는 말처럼, 남은 시간을 진정으로 신들과 함께 보내게 되지 않겠나? 이렇게 말할까, 케베스, 아니면 다르게 말할까?"

"맹세코 그렇게 말할 겁니다." 케베스가 말했습니다.

"반면 영혼이 오염되고 순수하지 않은 상태로 몸으로부터 해 b
방되면, 내 생각에 그 영혼은 몸과 늘 함께 지내고 그것을 보살 피고 사랑하며 그것과 그것이 가지는 욕망들과 즐거움들에 의해 미혹되어 왔기 때문에, 육체적인 것, 즉 잡을 수 있고 볼 수 있고 마실 수 있고 먹을 수 있고 성욕을 채울 수 있는 것 외의 어떤 것도 참된 것이라 생각하지 않네. 반면 그 영혼은 눈에는 어둑어 둑하고 비가시적이지만 지성에 의해 알려지고 철학에 의해 포착 되는 것, 이것을 혐오하고 두려워하며 피하는 데 익숙해져 있네. 과연 이런 상태의 영혼이 그 자체로 순수하게 해방될 것이라고 c
자네는 생각하나?"

"절대 그럴 수 없습니다."

"오히려 내 생각에 그 영혼은 육체적인 것에 꿰여 있는데, 이 것은 몸과의 어울림과 공존이, 늘 함께 있음을 통해서 그리고 잦 은 수행을 통해서 그 영혼에 함께 자라나게 한 것이지?"

"물론입니다."

"친애하는 이여, 그것은 짐스럽고 무겁고 땅의 성질이고 보이 는 것이라고 생각해야만 하네. 이것을 지니고 있기 때문에 그러 한 영혼은 무거워지고, 비가시적인 것과 하데스에 대한 두려움

d 에 의해서 보이는 세계로 다시 끌려 들어가는 걸세. 이야기에 따르면, 그러한 영혼은 비석들과 무덤들 주변을 맴도는데, 이것들 주위에서는 정말로 영혼들의 그림자와 같은 어떤 환영들이 목격된다는 거야. 이런 상들을 만들어 내는 것은 순수한 상태로 풀려나지 못했고 보이는 것을 나눠 가지며 이 때문에 보이기까지 하는 그러한 영혼들이라고 하네."

"그럴 법합니다, 소크라테스."

"그럴 법하다마다, 케베스. 게다가 그것들은 절대 훌륭한 이들의 영혼들이 아니라 보잘것없는 자들의 영혼들로, 이것들은 이전의 나쁜 생활 방식에 대한 죗값을 치르느라 그런 것들 주변을

e 방황할 수밖에 없게 된 것이네. 게다가 그것들은 다시 몸 안에 감금되는 그때까지는 자신들을 따라다니는 것, 즉 육체적인 것에 대한 욕망에 의해서 떠돌게 되네. 그것들은, 그럴 법하게도, 그것들이 사는 동안 일삼아 왔던 바로 그 습성들 안에 갇히는 것이지."

"어떤 습성들을 말씀하시는 것인지요, 소크라테스."

"예를 들어, 탐식과 방탕과 탐주를 일삼으며 삼가지 못한 사람

82a 들은 나귀 부류나 그런 짐승 부류 속으로 들어갈 법하네. 그렇게 생각하지 않나?"

"정말 그럴 법한 말씀이십니다."

"반면 부정의와 독재와 강도질을 선호했던 사람들은 늑대나

매나 솔개 부류 속으로 들어갈 법하네. 이런 것들이 다른 어디로 갈 거라 말할까?"

"두말할 나위 없이, 그런 것들 속으로입니다." 케베스가 말했습니다.

"그러면 다른 부류들 역시 각각 그들이 행하는 바의 유사성에 따라 가는 게 실로 분명하지 않나?" 그가 물었습니다.

"실로 분명합니다. 어찌 아니겠습니까?" 그가 말했습니다.

"그러면 이들 중에서 가장 행복하고, 가장 좋은 장소로 가는 이들은 대중적이고 시민적인 덕[102]을 길러온 이들이 아닌가? 이 b 것을 사람들은 절제와 정의라고 부르는데, 그것은 철학이나 지성 없이 습관과 행함을 통해 생겨나는 것일세." 그가 말했습니다.

"대체 어떤 점에서 이들이 가장 행복한 거지요?"

"이들이 같은 종류의 시민적이고 유순한 부류로 다시 돌아갈 법하기 때문이지. 즉 그들은 꿀벌이나 말벌이나 개미 부류로, 혹은 동일한 인간의 부류로 다시 돌아가, 이들로부터 절도 있는 사람들[103]로 태어날 법하니 말이야."

"그럴 법합니다."

"반면에 신들의 부류에 도달하는 것은 지혜를 사랑하지 않고 c 완전히 정화되지 않은 채 떠나는 사람에게는 허용되지 않고, 오직 앎을 사랑하는 사람에게만 허용된다네. 이 때문에, 친애하는 심미아스와 케베스, 올바르게 지혜를 사랑하는 사람들은 몸에 관련된 모든 욕망들을 멀리하고 견뎌 내며 그것들에 자기 자신들을 내맡기지 않는데, 그건 많은 재물을 사랑하는 사람들처럼, 그가 가산 탕진과 가난을 조금이라도 겁내서가 아니라네. 또 그는 권력을 사랑하고 명예를 사랑하는 사람들처럼 불명예와 타락으로 인한 오명을 두려워하고, 그로 인해 그것들을 멀리하는 것도 아니라네."

"그건 정말이지 그에게 어울리지 않을 겁니다, 소크라테스." 케베스가 말했습니다.

d "맹세코 그렇지 않고말고." 그가 말했습니다. "그래서 말이지, 케베스, 자신들의 영혼에는 뭔가 신경을 쓰지만 몸들은 가꾸지 않으며 살아가는 사람들은 저들 모두에게 작별을 고하고 그들과 같은 길을 따라가지 않는데, 그건 저들이 자신들이 어디로 가는지를 알지 못하기 때문이네. 반면 이 사람들은 철학, 그리고 그것을 통한 풀려남과 정화의식에 반대되는 일들을 행해서는 안 된다고 여기면서, 그것[104]이 인도하는 대로, 그것에 따르도록 그렇게 방향을 잡네." 그가 말했습니다.

"어떻게 말입니까, 소크라테스?"

"내 말하지." 그가 말했습니다. "앎을 사랑하는 사람들은 다음과 같은 사실을 알고 있는 걸세. 철학이 자신들의 영혼을 넘겨받을 때, 그 영혼은 몸 안에 말 그대로 꽁꽁 묶인 채 들러붙어 있어서, 있는 것들을 탐구할 때도, 마치 감옥을 통해서인 것처럼, 몸

e

을 통해서 하지 않을 수 없고, 그 자신을 통해서는 그럴 수가 없으며, 전적인 무지 속에서 뒹굴고 있네. 또 철학은 이 감옥의 영리함을 간파하고 있는데, 그것은 이 감옥이 욕망을 통해서 성립하는 것이어서, 무엇보다도 갇혀 있는 사람 자신이 그 구속의 조력자라는 점이네. 그러니까 내가 말하는 것처럼, 앎을 사랑하는 사람들은 철학이 그러한 상태에 있는 자신들의 영혼을 넘겨받아서 조용히 타이르고 풀어 주려고 한다는 사실을 알고 있는 걸세. 눈을 통한 탐구는 기만투성이이며 귀나 다른 감각들을 통한 탐구도 기만투성이임을 보이면서, 이것들을 사용하는 것이 불가피하지 않은 한 그것들로부터 물러서라고 설득하면서, 영혼을 그 자신에게로 모으고 결집시키도록, 그리고 무엇이건 있는 것들 중의 어떤 것 자체를 영혼 그 자체로 사유할 때는, 그 자신 이외의 다른 어떤 것도 신뢰하지 말고, 그때그때 그 밖의 다른 것들을 통해 탐구하는 것은 어떤 것도 참으로 여기지 말도록 권고하면서 말일세. 이러한 것은 감각적이고 보이는 것인 반면, 영혼이 보는 것은 가지적인 것이고 비가시적인 것이지. 그래서 이 풀려남에 저항해서는 안 된다고 여기면서, 진정으로 지혜를 사랑하는 사람의 영혼은 가능한 한 즐거움들과 욕망들과 고통들과 두려움들을 멀리하는데, 그건 다음과 같은 점을 헤아려서네. 누군가가 지나치게 기뻐하거나 괴로워하거나 두려워하거나 열망할 때에는, 생각될 만한 정도의 나쁜 일들, 예를 들어 병이나, 욕

83a

b

c 망으로 인한 낭비를 겪는 것이 아니라, 모든 나쁜 것들 중에서도 가장 크고 극단적인 것, 이것을 겪으면서도 그것을 헤아리지 못하게 된다는 점 말일세."

"그것이 뭔가요, 소크라테스?" 케베스가 말했습니다.

"모든 사람의 영혼은 무언가에 대해 지나치게 즐거워하거나 괴로워할 때면, 그와 동시에 자신이 가장 강하게 그것을 겪은 대상에 대해서 그것이 가장 분명하고 가장 참된 것이라고, 사실은 그렇지 않은데도, 여기게 되지 않을 수 없다는 것이네. 그런데 이것들은 무엇보다도 보이는 것들일세. 그렇지 않은가?"

"물론입니다."

d "그러면 이 일을 겪으면서 영혼은 몸에 의해 최대로 결박되는 것이 아닌가?"

"대체 어째서지요?"

"모든 즐거움이나 고통은, 마치 못을 가진 듯 영혼을 몸에 대고 못질해 박아 육체적으로 만들어서는, 몸이 그렇다고 말하는 것이면 무엇이든 참이라고 여기도록 만들기 때문이지. 왜냐하면 몸과 같은 생각을 하고 같은 것에 대해 즐거워함으로 해서, 내 생각에, 영혼은 필연적으로 그것과 같은 성격과 같은 습성이 되고, 결코 순수하게 하데스에 이르지 못하고 매번 몸에 감염된 채 떠나가야 하는 그런 어떤 것이 되어서, 결국 다른 몸속으로 곧바

e 로 다시 떨어져, 마치 씨 뿌려진 듯, 뿌리를 내리게 되고, 이런

이유들로 해서 신적이고 순수하며 한 모습인 것과의 함께 있음
에 참여할 수 없게 되고 말거든."

"정말 맞는 말입니다, 소크라테스." 케베스가 말했습니다.

"그러면 올바르게 앎을 사랑하는 사람들이 방정하고 용감한
것은 이것들 때문이지, 대중들이 이유로 대는 것들 때문이 아니
네. 혹 자네는 그렇게 생각하나?"

"물론 저는 아니라고 생각합니다."

84a

"아니고말고. 지혜를 사랑하는 사람의 영혼은 그렇게 추론하
지, 다음과 같이 생각하지는 않을 걸세. 철학은 자신[105]을 풀어
주어야 하는데, 정작 풀어 주는 동안 그것은 스스로를 즐거움들
과 고통들에 넘겨주어 다시 꽁꽁 묶어서, 직물을 거꾸로 짜는 페
넬로페의 끝나지 않는 일[106]을 해야만 한다고 말일세. 오히려 그
영혼은 그것들로부터의 평온을 갖춘 채, 추론을 따르고 늘 이것
안에 있으면서, 참된 것과 신적인 것과 의견의 대상이 아닌 것[107]
을 관조하면서, 이런 것에 의해 양육됐기 때문에, 살아 있는 한
에서는 그렇게 살아야 하며, 최후를 맞이하고 나면 같은 부류의
것이자 같은 성질을 지닌 것에게로 가서 인간적인 나쁜 것들로
부터 해방될 거라고 생각하네. 이러한 양육으로 해서, 심미아스
그리고 케베스, 영혼이 몸으로부터 해방될 때 그것이 흩어지고
바람에 흩뿌려지고 흩날려 가 버려서 더 이상 아무것도 어딘가
에 남아 있지 않게 될까를 두려워할 위험은 전혀 없네."

b

c 　소크라테스가 이렇게 말하고는 오랜 시간 동안 침묵이 흘렀습니다. 소크라테스 자신도, 그의 모습으로 봐서, 논의된 이야기에 골몰해 있었고 우리들 중 대부분도 그랬지요. 케베스와 심미아스는 서로 작게 이야기를 나누고 있었습니다. 그러자 소크라테스가 둘을 보고 물었습니다. "뭔가?" 그가 말했습니다. "자네들에게는 이야기된 것들이 미흡하게 이야기되었다고 생각되나 보군? 하긴 누군가 그것을 정말로 충분히 따져 보려고만 한다면 그것이 여전히 의심스럽고 따질 만한 점들을 정말 많이 가지고 있긴 하지. 그러니 만일 자네 둘이 다른 어떤 것을 검토하고 있다면 괜한 말이 되겠지만, 만일 이것들과 관련해서 뭔가 당혹스러워하고 있다면 자네들 스스로가 이야기하고 설명하는 걸 주저하지 말게나. 만일 그것이 자네들이 보기에 어떤 식으로든 더 제대

d 로 된 이야기라면 말일세. 그리고 어떤 점에서건 나와 함께하면 당혹스러움에서 더 잘 벗어날 수 있으리라 생각한다면 이번엔 나도 끼게 해 주게."

　그러자 심미아스가 말했습니다. "그렇다면, 소크라테스, 당신께 사실대로 말씀드리지요. 아까부터 저희들 각자는 당혹스러운 상태에 놓여 있어서, 답을 들었으면 하는 열망 때문에 질문을 하라고 서로 떠밀며 재촉하는 중이었습니다. 하지만 현재의 불운 때문에 당신께 불쾌한 일이 되지 않을까 싶어서 번거로움을 끼치는 걸 주저하고 있었어요."

84

그러자 이 말을 듣고 그는 조용히 웃으며 말했습니다. "맙소
사, 심미아스, 내가 현재 내게 닥친 일을 불운으로 생각하지 않   e
는다고 다른 사람들을 설득하긴 아마도 어려울 것 같군. 자네들
도 설득을 못 시켜서, 자네들이 내가 이전의 삶에서보다 지금 더
안 좋은 기분이지 않을까 걱정을 하고 있는 마당에 말일세. 그리
고 보아하니 자네들은 내가 백조들보다 예언 능력이 더 모자란
다고 생각하고 있군. 백조들은, 그 이전에도 노래를 하긴 하지
만, 자신들이 죽어야 한다는 것을 알게 되는 바로 그때 가장 많
이 그리고 최고로[108] 노래를 하는데, 그건 그들이 섬기는 신[109] 곁   85a
으로 떠나는 것을 기뻐하기 때문이네. 그런데 사람들은 죽음에
대한 자신들의 두려움 때문에 백조들에 대해서도 거짓말을 해
서, 그것들이 죽음을 애통해하면서 괴로움으로 인해서 마지막
노래를 부르는 것이라고 하지. 그리고 그들은 어떤 새도 배고프
거나 추위에 떨거나 다른 어떤 괴로움을 겪을 때 노래를 부르지
않는다는 것, 그리고 사람들이 괴로움으로 인해서 애통해하며
노래한다고들 이야기하는 나이팅게일과 제비와 후투티 같은 새
들조차도 그러지 않는다는 것을 헤아리지 못하네. 이것들과 백
조들은 내 생각에 괴로워서 노래하는 것이 아니라, 아폴론에 속   b
한 것들로서, 예언 능력을 가지고 있고 하데스에서의 좋은 일들
을 미리 알고 있기 때문에, 노래를 하고 그 이전의 시간과 달리
바로 그날을 즐거워하는 것이네. 그런데 나는 나 자신도 백조와

같은 주인을 섬기는 종이고 같은 신에 봉헌되었다고 여기며, 그들에 못지않은 예언 능력을 주인으로부터 받았고, 그들보다 더 기죽은 채로 생으로부터 해방되는 것도 아니라고 생각하네. 그러니 이와 관련된 것이라면, 아테네의 11인회가 허용하는 한, 자네들이 원하는 건 무엇이든 말하고 물어야 하네."

"말씀 감사합니다, 소크라테스." 심미아스가 말했습니다. "그
c 러면 제가 당혹스러워하고 있는 것을 당신께 말씀드리지요. 그러면 이번에는 여기 이 친구가 어떤 점에서 이야기된 것들을 받아들이지 않는지를 말할 겁니다. 제가 생각하기에는, 소크라테스, 어쩌면 당신도 그렇겠지만, 현재의 생에서 그러한 문제들에 관해 확실한 것을 아는 것은 불가능하거나 매우 어려운 일인 것 같습니다. 그럼에도 불구하고 그것들에 대해서 이야기된 것들을 모든 방식으로 따져 보지도 않고 모든 측면에서 철저히 탐구하기도 전에 그만두는 건 아주 나약한 인간에 속하는 일입니다. 그것들에 대해서는 다음 중 어떤 하나는 해내야만 하니까요. 사실이 어떠한가를 배우거나, 발견하거나, 혹은 이것이 불가능하다면, 적어도 인간적인 주장들 중에서는 최선이며 가장 논박하기
d 어려운 것을 취해서, 마치 뗏목처럼 그것 위에 올라탄 채 삶을 항해하는 일을 감행하거나 말입니다. 신적인 주장들이라는 더 든든한 배에 올라 더 안전하고 덜 위태로운 항해를 할 수 없다면 말이지요. 그래서 바로 지금 저는, 당신도 그렇게 말씀하시니,

당신에게 묻는 것을 부끄러워하지 않겠습니다. 그리고 제 생각을 지금 말하지 않아서 나중에 저 자신을 책망하게 되도록 하지 않겠습니다. 제가 보기에, 소크라테스, 논의된 것들을 저 스스로 검토해 봐도 이 사람과 함께 검토해 봐도, 그것이 아주 충분하게 논의된 것 같지가 않아 보이거든요."

그러자 소크라테스가 말했습니다. "벗이여, 아마도 자네가 본 e 것이 참일 걸세. 하지만 과연 어떤 점에서 충분치가 않은지를 말해 주게."

"제가 보기엔 이런 점에서입니다." 그가 말했습니다. "뤼라와 그 현들의 조화에 대해서도 똑같은 주장을 할 수 있거든요. 조율된 뤼라에서, 조화는 보이지 않고 물체적이지 않으며 매우 아름답고 신적인 어떤 것인 반면, 뤼라 자체와 현들은 물체들이고 물체적이며 복합적이고 땅에 속하며 가사적인 것과 동류인 것인 86a 데요. 자, 이제 어떤 사람이 뤼라를 파손하거나 그 현들을 절단했을 때, 만일 누군가가 당신과 동일한 논리로 단언하기를, 저 조화는 필연적으로 여전히 있고 소멸하지 않았어야 한다고 하면 말입니다. 현들이 절단되었을 때, 사멸적인 것인 뤼라와 현들은 여전히 있는데, 신적이고 불사인 것과 같은 성질이고 같은 종 b 류인 조화가 가사적인 것보다 먼저 소멸했을 길은 없다는 거지요. 오히려 필연적으로 조화는 여전히 어딘가에 있고, 그것이 무슨 일을 겪기 전에 목재와 현들이 먼저 썩어 버렸어야만 한다고 그

는 말할 겁니다. 물론 소크라테스, 제 생각엔 당신 자신도 우리[110]
가 영혼을 무엇보다도 다음과 같은 어떤 것이라 여긴다는 걸 떠
올리셨을 겁니다. 즉 우리의 몸은 뜨거움과 차가움과 마름과 축
축함과 이런 어떤 것들이, 말하자면, 팽팽한 상태로 결속되어 있
c   는 것이고, 이것들이 적정한 정도로 서로 잘 혼합되었을 때, 바
로 이것들의 혼합과 조화가 우리의 영혼이라고 말입니다. 그러
니 만일 영혼이 어떤 조화라면, 우리들의 몸이 부적절한 정도로
느슨해지거나, 병이나 다른 나쁜 일들에 의해 괴롭힘을 당할 때,
영혼은 비록 그것이 가장 신적인 것이라 하더라도, 곡조들이나
제작자들의 모든 작품들 속의 다른 조화들처럼, 필연적으로 즉시
소멸해야만 하고, 각 몸의 나머지 부분들은 그것이 태워지거나
d   썩어 버릴 때까지 오랜 시간 동안 남아 있음이 분명합니다. 자,
이제 이 주장에 대해서 뭐라 말할 것인지 보십시오. 만일 누군가
가 영혼은 몸에 있는 것들의 혼합이어서, 죽음이라 불리는 상황
에서 제일 먼저 소멸하는 것이 마땅하다고 한다면 말입니다."

그러자 소크라테스는 자주 그래 버릇하셨던 것처럼 눈을 크
게 뜨고 바라보면서 미소를 지은 채 말했습니다. "정말이지 심미
아스는 정당한 말을 하고 있네. 그러니 만일 자네들 중에 누군가
가 나보다 더 답할 준비가 되어 있다면 대답해 주지 않겠나? 심
미아스가 내 주장을 어설프게 붙잡은[111] 것 같지가 않아서 말이
야. 하지만 내 생각엔 그 대답에 앞서 우선 케베스로부터, 이 친

구는 또 저 주장에 대해서 무엇을 고발할 건지 이야기를 들어 봐   e
야 할 것 같네. 그 시간에 우리는 무슨 말을 할 것인지 궁리를 할
수 있도록 말일세. 일단 이야기를 듣고 나서, 그들이 뭔가 음조
에 맞는 이야기를 하고 있다고 생각되면 그들에게 동의하고, 그
렇지 않다면 바로 그때 저 주장을 변호할 수 있을 걸세. 자, 케베
스, 말해 보게. 이번엔 또 뭐가 그대를 괴롭히고 있는지를." 그가
말했습니다.

"말씀드리고말고요." 케베스가 말했습니다. "제가 보기에 그
주장은 여전히 같은 자리에 머물러 있고 앞서 우리가 말한 것
과 같은 고발거리를 가지고 있는 것 같습니다. 우리의 영혼이 이
모습[112] 안에 들어오기 전에도 있었다는 것이 매우 멋지게, 그리   87a
고 주제넘은 말이 아니라면, 매우 충분하게 증명되었다는 걸 무
르지[113]는 않겠습니다. 하지만 우리가 죽었을 때도 그것이 여전
히 어딘가에 있다는 건 그렇게 생각되지를 않네요. 영혼이 몸보
다 더 강하지도 더 오래가지도 않는다는 심미아스의 반론에 동
의해서가 아닙니다. 제 생각에 그 모든 점에서 영혼은 그것과 매
우 많이 다르니까요. '그러면 왜,'라고 논변이 말할[114] 겁니다. '사
람이 죽었을 때 더 약한 부분이 여전히 있는 것을 보고서도 당신
은 여전히 미심쩍어하는 건가? 더 오래가는 부분은 필연적으로
그 시간에 여전히 보존되어야만 한다고 당신에겐 생각되지 않는   b
가?' 자, 여기에 대해서 다음과 같은 것이 말이 되는지 살펴보십

시오. 심미아스처럼 저에게도 어떤 비유가 필요할 것 같아서요. 제 생각에 그렇게 말하는 것은 마치 누군가가 늙어 죽은 어떤 직공(織工)에 대해서 이렇게 말하는 것과 같습니다. 그 직공은 소멸한 것이 아니라 어딘가에 온전하게 있다고 말하면서, 그 증거로 그 자신이 짜서 둘렀던 외투가 온전하게 있고 소멸하지 않았다는 것을 내세우는 거지요. 그리고 만일 누군가가 그를 미심쩍어

c 하면, 그는 사람의 부류와 착용되는 옷의 부류 중 어떤 것이 더 오래가느냐를 묻고, 사람의 부류가 훨씬 더 오래간다는 답을 얻으면, 더 짧게 가는 것이 소멸되지 않았으니 그럼 확실히 저 사람은 온전하다는 것이 증명되었다고 여기는 겁니다. 그런데 심미아스, 나는 그것이 그렇지가 않다고 생각하네. 자네도 내가 말하는 바를 살펴보라니까. 모두가 그 주장을 하는 사람이 어수룩한 주장을 하고 있다고 응수할 걸세. 왜냐하면 이 직공이 그러한 많은 외투들을 짜고 닳게 했으며 많은 것들보다 나중에 소멸

d 하기는 했지만, 그는 내 생각에 맨 마지막 것보다는 먼저 소멸했거든. 그렇다고 해서 사람이 외투보다 더 열등하고 더 약한 것은 전혀 아니지.

똑같은 비유가, 제 생각에, 영혼과 몸의 관계에도 적용될 겁니다. 그리고 누군가가 그것들에 대해 똑같은 주장을 한다면, 제겐 적절한 주장을 하는 걸로 보일 겁니다. 영혼은 더 오래가는 반면, 몸은 더 약하고 더 짧게 간다고 말이지요. 하지만 그는 이렇

게 말할 겁니다. 영혼들 각각은 여러 몸들[115]을 닳게 하고, 인생
이 여러 해에 걸쳐 있을 때에는 특히 그러하다.―사람이 살아 있
는 동안 몸은 변천하고 소멸하지만, 영혼은 닳아 가는 몸을 늘   e
다시 짤 테니까요.―하지만 그럼에도 불구하고, 영혼이 소멸할
때가 되면, 그것은 필연적으로 마지막 직물을 입고 있어야 하고,
이것 하나보다는 먼저 소멸해야만 한다. 그리고 영혼이 소멸하
면, 마침내 몸은 약함의 본성을 내보이며 재빨리 썩어 없어질 것
이다. 따라서 아직은 저 주장을 믿고서, 죽고 나서도 우리의 영
혼은 어딘가에 있다고 확신할 만하진 않습니다. 설령 누군가가   88a
그 주장을 한 사람에게 당신[116]이 말한 것보다 훨씬 더 많은 것을
동의해 준다 한들, 즉 우리가 태어나기 전의 시간에도 우리의 영
혼들이 있었을 뿐 아니라, 우리가 죽고 나서도 몇몇의 영혼들이
여전히 있고, 있을 것이며, 여러 번 태어나고 죽는 것을 반복하
지 말라는 법이 없다는 것에는―영혼은 본성상 여러 번 태어나
는 것을 감당할 만큼은 강하니까요―동의해 준다 한들, 그가 그
점은 인정하지만 다음과 같은 점에는 동의해 주지 않는다면, 즉
영혼이 여러 번의 태어남 속에서 고생하다가 결국에는 죽음들
중 어떤 하나에서 완전히 소멸해 버리는 그런 일은 없다는 데에
는 동의해 주지 않는다면, 그리고 이 죽음, 즉 영혼에 파멸을 가   b
져다줄, 몸으로부터의 이 벗어남을 누구도 알지 못한다고 주장
한다면―우리들 중 누구도 그것을 지각할 수 없으니까요―만일

사정이 이러하다면, 그 누구에게도, 그가 영혼이 전적으로 불사하고 불멸함을 증명할 수 없는 한, 죽음에 대해 확신하는 건 합당치 않습니다. 생각도 없이 확신하는 것이 아니라면 말이지요. 만일 그렇지 않다면,[117] 죽게 될 사람은 필연적으로 자신의 영혼에 대해서 그것이 몸으로부터의 이번 벗어남 속에서 완전히 소멸해 버리는 것은 아닐까를 늘 두려워해야만 합니다."

c   모두가 그들의 말을 듣고는, 후에 우리가 서로 말했던 것처럼, 불쾌한 상태가 됐습니다. 앞선 논변[118]에 상당히 설득되어 있던 우리를 그들이 다시 뒤흔들어 놓고, 앞서 이야기된 논의들[119]뿐만 아니라 앞으로 이야기될 것들에 대해서까지도, 우리가 판정자로서의 자격이 없거나 사태들 자체가 신뢰할 수 없는 것이지 않나 하는 의심으로 내동댕이치는 것 같았으니까요.

에케크라테스 맹세하지만, 파이돈, 저도 당신들과 같은 심정입니다. 사실 당신 이야기를 듣고 저 자신도 스스로에게 이런 어
d   떤 말을 하려 했어요. "그러면 더 이상 어떤 주장을 확신할 수 있단 말인가? 소크라테스가 한 주장이 얼마나 설득력이 있었는데, 이제는 신뢰하지 못할 것으로 전락해 버렸으니." 놀랍게도 이 주장, 즉 영혼이 어떤 조화라는 주장은 지금도 언제나처럼 저를 사로잡거든요. 그리고 당신이 이야기를 하니 마치 저 자신도 전에 그렇게 생각했었다는 걸 상기시킨 듯했습니다. 그리고 저에겐 죽은 자의 영혼이 함께 죽지 않는다는 것을, 마치 처음부터 시작

하는 것처럼 다시 설득시켜 줄 다른 어떤 논변이 정말로 필요합니다. 그러니 부디 소크라테스가 어떻게 그 논의를 따라갔는지[120] 말해 주십시오. 그 역시도 당신들이 그랬다고 하는 것처럼 눈에 띄게 언짢아졌나요, 아니면 그렇지 않고 차분하게 논의를 도와주었나요? 그리고 그는 충분히 도와주었나요, 아니면 미흡했나요? 가능한 한 정확하게 모든 것에 대해 우리에게 이야기해 주십시오.

파이돈 에케크라테스, 제가 소크라테스에 대해서 여러 번 놀라긴 했지만, 그때 곁에 있었을 때보다 더 감탄한 적은 없었습니다. 그가 말할 거리를 가지고 있다는 건 아마도 이상한 일이 아니었을 겁니다. 하지만 제가 특히 놀랐던 것은 우선 그가 얼마나 기꺼이, 호의적으로, 그리고 정중하게 그 젊은 친구들의 이야기를 받아들였는지에 대해서였고, 그다음으로는 그 논변들에 의해서 우리가 겪은 바를 얼마나 날카롭게 파악했는지에 대해서, 그다음으로는 그가 우리를 얼마나 잘 치유해 주었으며, 마치 패주자들에게 그러듯, 우리를 불러 모아서 그를 따라 함께 논의를 고찰하도록 격려했는지에 대해서였습니다.

에케크라테스 대체 어떻게 말인가요?

파이돈 제가 말씀드리지요. 저는 마침 그의 오른쪽, 침상 옆에 있는 낮은 의자에 앉아 있었고 그는 저보다 훨씬 더 높이 있었습니다. 그는 제 머리를 쓰다듬고 목덜미에 난 머리카락을 쥐시고는—그는 때때로 제 머리카락을 가지고 장난을 치시곤 했거든요—말했습니다. "파이돈, 내일이면 이 아름다운 머리카락들을 자르게 되겠군."[121]

"그렇겠지요, 소크라테스." 제가 말했습니다.

"내 말을 따른다면, 그러지 않을 텐데."

"아니면 무엇을?" 제가 말했습니다.

c "오늘 나는 내 것을, 자네는 자네 것을 자를 걸세. 만약에 우리의 논변이 최후를 맞이하고, 우리가 그것을 다시 소생시킬 수 없다면 말일세. 그리고 만일 내가 자네이고, 그 논변이 나로부터 달아난다면, 나도 아르고스 사람들처럼 맹세할 걸세.[122] 심미아스와 케베스의 논변과 다시 싸워 승리하기 전에는 머리를 기르지 않겠노라고 말일세." 그가 말했습니다.

"하지만," 제가 말했습니다. "헤라클레스조차도 둘은 감당이 안 된다고들 합니다."

"그러면 나를 이올라오스[123] 삼아 도움을 청하게. 아직 해가 있는 동안에 말일세." 그가 말했습니다.

"그렇다면 도움을 청하지요." 제가 말했습니다. "헤라클레스로서가 아니라, 이올라오스로서 헤라클레스의 도움을요."

"차이는 없네." 그가 말했습니다. "단, 먼저 어떤 일 하나를 겪지 않도록 주의하세."

"어떤 일 말입니까?" 제가 말했습니다.

"우리가 논변 혐오자들이 되지 않도록 하자는 걸세. 사람들이 d
인간 혐오자들이 되는 것처럼 말일세. 어떤 사람이 겪을 수 있
는 일로, 논변을 혐오하는 것, 이것보다 더 나쁜 일은 없기 때문
이네. 논변 혐오와 인간 혐오는 같은 방식으로 생겨난다네. 인
간 혐오가 들어서게 되는 것은 어떤 사람을 전문 지식[124] 없이 굳
게 믿고 그 사람을 전적으로 진실하고 온전하며 믿을 만하다고
생각하다가는, 조금 후에 그가 못됐고 믿을 수 없다는 것을 발견
하고, 같은 일을 다른 사람에게도 다시 겪게 되는 것으로부터이
거든. 어떤 사람이 이런 일을 자주 겪고, 특히 가장 가깝고 친하 e
다고 생각했던 사람들에 의해서 그렇게 되면, 결국에는 잦은 충
격으로 인해 모두를 혐오하고 어느 누구에게도 온전함은 절대
없다고 생각하게 되지. 자넨 이런 일이 일어나는 걸 본 적이 없
나?" 그가 말했습니다.

"물론 있습니다." 제가 말했습니다.

"그러면 그건 부끄러운 일이고, 그런 사람은 인간사에 대한 전
문 지식 없이 사람들을 대하려 했던 것이 분명하지 않은가? 만일
그가 어쨌든 전문 지식을 가지고 대했다면, 그는 사실 그대로, 90a
아주 좋은 사람들이나 아주 나쁜 사람들은 소수이고 그 중간은
엄청나게 많다고 생각했을 테니 말이야." 그가 말했습니다.

"무슨 말씀이신지?" 제가 말했습니다.

"아주 작은 것들과 아주 큰 것들의 경우처럼 말일세. 자네는

사람이건 개이건 다른 어떤 것이건 간에, 아주 큰 것이나 아주 작은 것을 발견하는 것보다 더 드물게 일어나는 일이 있다고 생각하나? 혹은 빠른 것이건 느린 것이건, 추한 것이건 아름다운 것이건, 하얀 것이건 검은 것이건 말일세. 자네는 이 모든 것들 중에서 양 끝의 극단에 있는 것은 드물고 소수인 반면, 중간에 있는 것들은 흔하고 다수임을 알지 못하나?

"물론 알고 있습니다." 제가 말했습니다.

b   "그러면 만일 나쁜 것으로 경쟁이 붙는다면, 여기에서도 일등하는 사람들은 아주 소수일 것이라고 생각하지 않나?" 그가 물었습니다.

"그럴 법합니다." 제가 대답했습니다.

"그럴 법하고말고. 하지만 그 점에서는 논변들은 사람들과 유사하지가 않네. 방금 전에는 자네가 이끄는 대로 나는 따라갔을 뿐이고, 오히려 유사성은 이런 점에 있다네. 누군가가 어떤 논변이 참이라고 논변들에 대한 전문 지식 없이 믿었다가, 얼마 되지 않아 그것이 그에게 거짓으로—어떤 때는 제대로, 어떤 때는 그렇지 않게—생각되면, 그리고 다시 또 다른 경우들에도 그런 일

c   이 일어나면 말일세. 특히 반론적 논변들[125]로 세월을 보내는 사람들은, 자네가 알듯이, 결국에는 자신들이 가장 지혜로워졌고, 오직 그들만이 사물들이건 주장들이건 그것들 중 어떤 것도 온전하거나 안전하지가 않으며, 있는 것들 모두가 말 그대로 에우

리포스[126]에서처럼 오락가락하면서 한시도 어딘가에 머무르지 않는다는 것을 파악했다고 생각하지." 그가 말했습니다.

"전적으로 맞는 말씀입니다." 제가 말했습니다.

"그러면 파이돈, 다음과 같은 일을 겪는 건 가련한 일일 걸세. 실은 참이고 안전한 논변이 정말로 있고 그것을 파악할 수 있는 데도, 누군가가 동일한 것이 한때는 참으로, 다른 때는 그렇지 않게 생각되는 그런 어떤 논변들에 접하는 바람에, 자기 자신과 자신의 서투름[127]은 탓하지 않고, 결국에는 괴로움 때문에 기꺼이 그 탓을 자기 자신으로부터 그 논변들로 떠밀어 버리고서는, 이제 논변들을 혐오하고 욕하면서, 있는 것들에 대한 진리와 지식을 상실한 채 남은 생을 보내게 된다면 말일세." 그가 말했습니다.

"정말이지 가련한 일이 아닐 수 없습니다." 제가 말했습니다.

"그러면 우선 그것에 주의하도록 하세. 그리고 어떤 논변도 온전하지 않은 게 아닐까 하는 생각이 아니라, 우리가 아직 온전하지는 않지만 온전해지도록 용기를 내고 열의를 가져야 한다는 생각을 훨씬 더 영혼 안으로 들이도록 하세. 자네와 다른 사람들에게는 이후의 전 생애를 위해서, 나에게는 죽음 자체를 위해서 말일세. 왜냐하면 바로 이것[128]에 관해서 현재 나는 지혜를 사랑하는 상태가 아니라, 아주 못 배운 사람들처럼, 승리를 사랑하는 상태일지 모르니 말일세. 그들은 뭔가에 대해서 논쟁을 할 때, 그 논의되는 것들에 대한 진실이 어떠한지에는 관심이 없고, 그들이 내세우는 것들이 옆에 있는 사람들에게 그렇다고 생각되도록 하는 것, 이것을 위해 애쓰거든. 그리고 내 생각에 나는 현재 저들과 오직 다음과 같은 만큼만 다를 뿐이네. 나는 옆에 있는 사람들에게 내 말이 참이라고 믿어지도록, 그것이 부수적인 결과일 수는 있겠지만, 애쓰는 게 아니라, 나 자신에게 그것들이 b 그렇다고 최대한 믿어지도록 애쓸 것이거든. 친애하는 벗이여, 나는 이런 계산을 하고 있는 걸세.—얼마나 욕심을 부리고 있는지 보게.—만약 내 말이 참이라면, 설득됨은 실로 잘된 일이네. 반면 만약 죽은 자에게는 아무것도 없다면, 그래도 죽음을 앞둔 바로 이 시간 동안에는 비탄에 빠져 주위 사람들을 불쾌하게 하는 일이 덜할 것이고, 나의 이 어리석음은 지속되지 않고—그건 나쁜 일일 테니까—오래지 않아 소멸할 걸세." 그는 말했습니다. "자, 이렇게 갖춘 채로, 심미아스 그리고 케베스, 나는 그 논변[129]을 향해 전진하고 있네.[130] 그렇지만 자네들은, 내 말을 따를 c 거라면, 소크라테스는 조금 생각하고 진리를 훨씬 많이 생각해서, 내가 뭔가 맞는 말을 하고 있다고 자네들에게 믿어지면 동의를 하되, 그렇지 않다면 모든 논변을 동원해서 저항하게나. 내가 열의로 인하여 나 자신과 함께 자네들을 기만하지 않도록, 그리고 내가 마치 침을 남긴 벌처럼 떠나 버리지 않도록 주의하면서 말일세."

"자, 그러면 계속해야지." 그가 말했습니다. "우선 내가 기억을 못 하는 것으로 보인다면, 자네들이 말한 것들을 나에게 상기시켜 주게나. 내가 생각하기에 심미아스는 영혼이 몸보다 더 신적이고 훌륭한 것임에도 불구하고 조화의 모습으로 있기 때문에 먼저 소멸하지 않을까를 의심스러워하고 두려워하고 있네. 반면 케베스는 내 생각에 영혼이 몸보다 더 오래간다는 이 점에 대해서는 나에게 동의하지만, 다음과 같은 점은 모두에게 불분명하다는 것이네. 영혼은 많은 몸들을 여러 차례 닳게 하고서는 마침내 마지막 몸을 남겨 둔 채 소멸하게 되는데, 바로 이것이 죽음, 즉 영혼의 소멸이 아닌가 하는 거지. 몸이야 늘 그치지 않고 소멸하는 것이니 말일세. 심미아스 그리고 케베스, 우리가 탐구해야 할 것이 이것 말고 다른 어떤 것인가?"

두 사람 모두 그것이라고 동의했습니다.

"그러면 자네들은 앞선 주장들 모두를 받아들이지 않는 건가? 아니면 일부는 받아들이고, 일부는 그렇지 않은 건가?" 그가 말했습니다.

"일부는 그렇고, 일부는 그렇지 않습니다." 둘이 말했습니다.

"그러면 알게 됨은 상기함이라고 했던 주장과, 이것이 사실이라면 우리의 영혼은 몸 안에 갇히기 전에 필연적으로 어딘가에 있었어야 한다는 주장에 대해서 자네들은 뭐라고 말하겠나?" 그가 말했습니다.

d

e

92a

"저는 그때도 그 주장에 굉장히 설득되었었고, 지금도 다른 어떤 주장보다도 그것에 대해 그런 상태로 있습니다." 케베스가 말했습니다.

"저 자신도 그렇습니다. 그리고 만약 저에게 그것에 관해서 혹시라도 달리 생각된다면 그건 정말 놀랄 일일 겁니다." 심미아스가 말했습니다.

그러자 소크라테스가 말했습니다. "하지만, 테바이 친구, 필연적으로 자네에게는 달리 생각되어야만 하네. 만약에 조화는 복합적인 것이고, 영혼은 몸에 속하는 것들이 팽팽해져 구성된 일종의 조화라는 이 생각이 그대로 있다면 말일세. 아무튼 자네는

b 구성된 것인 조화가, 합쳐져서 그것을 이루었어야 할 것들[131]이 있기 전에 먼저 있었다고 스스로 말하는 걸 받아들이지는 않을 테니까. 혹 그걸 받아들일 텐가?"

"결코 아닙니다, 소크라테스." 그가 말했습니다.

"그러면 영혼은 인간의 형상과 몸으로 들어오기 전에 있는데, 그것은 아직 있지 않은 것들로 구성되어 있다고 말할 때, 자네는 그렇게 말하는 셈이 된다는 걸 알겠나? 조화는 사실 자네가 비유하는 그런 종류의 것이 아니라, 첫 번째로 뤼라와 현들과 음들

c 이 아직 조화되지 않은 상태로 생겨나고, 모든 것들 중 마지막으로 조화가 형성되고, 그것이 첫 번째로 소멸하는 것이니 말일세. 그러면 자네 입장에서 이 주장[132]이 어떻게 저 주장[133]과 어우러질

수 있겠나?" 그가 말했습니다.

"결코 그럴 수 없습니다." 심미아스가 말했습니다.

"정말이지 어우러져야 마땅한 이론이 있다면 그건 조화에 대한 이론이네." 그가 말했습니다.

"그래야 마땅하고말고요." 심미아스가 말했습니다.

"자, 자네의 이 주장은 어우러지지 못하고 있네. 하지만 다음 주장들 중 어떤 것을 선택할 것인지 보게. 알게 됨이 상기라는 주장인가, 아니면 영혼은 조화라는 주장인가?" 그가 말했습니다.

"앞의 주장을 훨씬 더 선택하는 쪽입니다, 소크라테스. 뒤의 d 주장은 저에게 논증[134] 없이 어떤 그럴 법함과 그럼직함[135]에 의해서 생겨난 것이고, 대중들에게도 그런 연유로 믿어지는 것이니까요. 저는 그럴 법한 것들을 통해 논증들을 만들어 내는 주장들이 허풍선이들이라는 것을, 그리고 그것들에 주의하지 않으면, 기하학에서도 그 밖의 다른 모든 분야에서도, 그것들이 정말로 기만을 잘 저지른다는 것을 알고 있습니다. 반면 상기와 알게 됨에 대한 주장은 받아들일 만한 가정[136]을 통해서 이야기된 것입니다. 왜냐하면 '있는 것'[137]이라는 이름을 가진 존재 자체가 있는 것처럼, 그렇게 우리의 영혼은 몸속으로 들어오기 전에도 어디에선가 있었다고 이야기되었는데요, 저는 앞의 명제를, 확신 e 컨대, 충분히 그리고 올바르게 받아들였거든요. 그렇기 때문에 이제, 제가 보기에는, 저도 다른 누구도 영혼이 조화라고 말하는 것을 받아들여서는 안 될 것 같습니다." 그가 말했습니다.

"다음과 같은 식으로는 어떤가, 심미아스?" 그가 말했습니다.

93a "자네 생각에, 조화이건 다른 어떤 복합체이건, 그것을 구성하고 있는 것들의 상태와 다른 상태에 있는 것이 합당하겠나?"

"결코 그렇지 않습니다."

"내가 생각하기로는, 그것이 그것의 구성요소들이 하거나 겪을 것과 어긋나는 무언가를 하거나 겪지는 않겠지?"

그가 찬동했습니다.

"그럼 조화는 그것을 구성할 것들을 이끄는 것이 아니라, 그것들을 따른다고 생각해야 합당하겠군."

그가 동의했습니다.

"그럼 조화는 결코 그것의 부분들과 반대로 움직이거나 소리를 내거나 다른 어떤 반대 상태에 있지 않겠군."

"결코 아니고말고요." 그가 말했습니다.

"그런데 어떤가? 각각의 조화는 본성상 그것이 조화된 대로 조화인 것이 아닌가?"

"이해를 못 하겠습니다만." 그가 말했습니다.

b "그것이 더 조화되고 더 많이 그런 경우에는, 만일 그런 일이 일어날 수 있다면, 더 그리고 더 많이 조화일 것이고, 덜 그리고 더 적게 그런 경우에는 덜 그리고 더 적게 그것이지 않겠냔 말일세."

"물론입니다."

"그러면 영혼과 관련해서도 이러해서, 하나의 영혼은 최소한 으로라도 더 많이 그리고 더, 혹은 더 적게 그리고 덜 그것 자신, 즉 영혼인가?"

"절대 그렇지 않습니다." 그가 말했습니다.

"자 어떤 영혼은 지성과 덕을 가지고 있고 훌륭하다고 하는 반면, 어떤 영혼은 무지와 악덕을 가지고 있고 나쁘다고 하네. 이것도 맞는 말인가?"

c

"맞고말고요."

"그러면 영혼이 조화라고 놓는 사람들 중 누군가가 영혼들 안에 있는 이것들, 즉 덕과 악덕에 대해서는 뭐라고 말할까? 이번에는 또 다른 어떤 조화와 부조화라고? 그리고 한쪽, 즉 훌륭한 영혼은 조화되어 있고, 조화인 자기 자신 안에 또 다른 조화를 가지고 있는 반면, 조화되지 않은 영혼은 그 자신일 뿐, 자신 안에 다른 것을 가지지 못한다고?"

"저로서는 말할 수가 없네요. 하지만 그것을 가정한 사람은 그런 어떤 식으로 말할 것이 분명합니다." 심미아스가 말했습니다.

"하지만 영혼은 다른 영혼에 비해 더도 덜도 영혼이 아니라는 것이 이미 동의되었네.[138] 그리고 조화는 다른 조화에 비해 더도 더 많이도, 덜도 더 적게도 조화가 아니라는 것, 이것은 동의된 셈이네.[139] 그렇지 않은가?" 그가 말했습니다.

d

"물론입니다."

"더도 덜도 조화가 아닌 것은 더도 덜도 조화된 것이 아니라는 것은 동의되었네. 그렇지 않은가?"

"그렇습니다."

"더도 덜도 조화되지 않은 것은 조화를 더나 덜 나눠 갖는가, 아니면 같은 정도로 그러한가?"

"같은 정도로요."

e　"그러면 영혼은 다른 영혼에 비해 더도 덜도 그것 자체, 즉 영혼이 아니니, 더도 덜도 조화되지 않는 것이 아닌가?"

"그러합니다."

"그런데 영혼이 이런 상태라면, 부조화도 조화도 더 많이 나눠 갖지 않을 걸세."

"아니고말고요."

"그리고 영혼이 이런 상태라면, 하나의 영혼이 다른 영혼에 비해서 악덕이나 덕을 조금이라도 더 많이 나눠 가질까? 악덕은 부조화고, 덕은 조화라면 말일세."

"더 많이 그럴 수는 없습니다."

94a　"오히려 말일세, 심미아스, 올바른 추론을 따른다면, 어떤 영혼도, 만일 그것이 조화라면, 악덕을 나눠 갖지 않을 걸세. 조화는 전적으로 이것 자체, 즉 조화이기 때문에, 부조화를 결코 나눠 갖지 않을 것이니 말이야."

"그렇지 않고말고요."

"영혼 역시 전적으로 영혼이기 때문에, 아마도 악덕을 나눠 갖지 않을 걸세."

"앞서 이야기된 것들로 미루어 볼 때 어찌 나눠 가질 수 있겠습니까?"

"그럼 이 추론에 근거할 때, 우리에게 모든 살아 있는 것들의 영혼들은 똑같이 좋은 것들이 되겠군. 만일 영혼들이 똑같이 본성상 이것 자체, 즉 영혼들이라면 말이야."

"제겐 그렇게 생각됩니다, 소크라테스." 그가 말했습니다.

"이 주장이 정말 제대로 된 것이라고 생각하나? 만일 영혼이 b 조화라는 가정이 올바른 것이라면, 그 주장이 과연 이런 일들을 겪겠나?" 그가 말했습니다.

"전혀 그렇지 않습니다." 그가 말했습니다.

"그러면 어떤가? 인간 안에 있는 모든 것들 중에 영혼, 그중에서도 현명한 영혼 외에 다스린다고 자네가 말할 것이 있는가?" 그가 말했습니다.

"저로서는 없습니다."

"그것[140]은 몸에 속하는 상태들에 순응하는가 아니면 저항하는가? 내가 말하는 건 이런 어떤 것들일세. 예를 들어 열과 갈증이 안에 있을 때에는 그 반대, 즉 마시지 않음 쪽으로, 그리고 허기가 안에 있을 때는 먹지 않음 쪽으로 끌어당기는 것, 그리고 그

c 밖에도 수없이 많은 경우에 우리는 영혼이 몸에 따르는 것들에 저항하는 것을 보네. 그렇지 않은가?"

"물론입니다."

"그러면 우리는 앞에서 동의하기를, 영혼은, 그것이 조화인 한, 결코 그것을 구성하고 있는 것들이 팽팽해지고 느슨해지고 뜯기고 그 밖의 어떤 상태를 겪는 것에 반대되는 소리를 내지 않고, 이런 것들을 따를지언정 결코 이끌지는 않을 거라고 하지 않았나?"

"동의했습니다. 어찌 아니겠습니까?" 그가 말했습니다.

"그러면 어떤가? 이제 영혼은 완전히 반대로 작용하는 것처럼
d 우리에게 보이지 않나? 그것을 구성한다고 하는 저 모든 것들을 지배하고, 전 생애를 통해 거의 모든 것들에서 저항하며, 모든 방식으로 주인 노릇 하는 것으로 말일세. 때로는 체육이나 의술에 따라서, 보다 거칠고 고통스럽게 꾸짖기도 하고, 때로는 보다 부드럽게, 으르기도 하고 타이르기도 하면서, 욕망들과 충동들과 두려움들과 마치 서로가 다른 것들인 듯 대화를 나누면서 말일세. 그렇게 사실 호메로스도 『오뒷세이아』에서 지었는데, 거기에서 그는 오뒷세우스에 대해서 이렇게 말하고 있네.

가슴을 치며 그는 말로서 마음을 나무랐다.
e 참으라, 마음이여. 일찍이 훨씬 더 험한 일도 견뎠었다.[141]

자네는 호메로스가 영혼은 조화이고, 몸의 상태들에 의해 이끌리는 것이지 그것들을 이끌고 그것들에 주인 노릇 하는 것은 아니라고 생각하면서 이걸 지었다고 생각하나? 영혼은 조화에 따르기에는 훨씬 더 신적인 어떤 것이라고 생각한 것이 아니고?"

"맹세코, 소크라테스, 그렇지 않다고 제겐 생각됩니다."

"그럼, 가장 훌륭한 이여, 우리가 영혼을 어떤 조화라고 말하는 것은 어떤 점에서도 제대로 된 것이 아니군. 왜냐하면 보아하니 우리는 신과 같은 시인 호메로스에게도, 우리들 자신에게도 동의하지 않게 될 테니[142] 말일세." 95a

"그렇습니다." 그가 말했습니다.

"됐네. 테바이의 하르모니아 건[143]은 보아하니 어떻게든 적정하게 진정이 된 것 같군." 소크라테스가 말했습니다. "그런데, 케베스, 카드모스 건[144]은 어떻게 진정시킬 것이며, 어떤 논변으로 그런다?"

"제가 생각하기에 당신은 찾아낼 겁니다." 케베스가 말했습니다. "조화에 맞서는 저 논변을 제 입장에서는 생각지도 못할 방식으로 굉장하게 제시하셨어요. 심미아스가 당혹스러운 점을 이야기했을 때, 저는 과연 그의 논변을 누군가가 다룰 수 있을까 b 하고 아주 궁금해하고 있었거든요. 그래서 그것이 당신 논변의 첫 번째 공격도 감당하지 못했다는 것이 정말이지 기이하게 여겨졌습니다. 그러니 카드모스의 논변이 같은 일을 겪는다 한들 저는 놀라지 않을 겁니다."

"훌륭한 이여, 장담하지는 말게. 혹 앞으로 있게 될 논변을 어떤 나쁜 힘이 뒤집어 놓지 않도록 말일세. 하지만 그것은 신께서 신경 쓰실 일이고, 우리는 호메로스식으로 가까이 다가가서[145] 자네가 과연 말이 되는 이야기를 하고 있는지를 시험해 보세. 자네가 추구하고 있는 것들의 요점은 이런 것이네. 자네는 우리들의 영혼이 불멸하고 불사함을 보일 필요가 있다고 생각하네. 지혜를 사랑하는 사람이 죽으려 할 때, 그가 확신을 가지고, 다른 식의 삶을 살다가 죽는 것과는 다르게 자신이 저승에서 잘 지내게 될 거라 여기는 것이 생각 없고 어리석게 확신하는 것이지 않으려면 말일세. 그런데 영혼이 강한 어떤 것이고 신적이며 우리가 사람으로 태어나기 전에도 이미 있었다는 것을 밝힌다 한들, 자네 말인즉, 이 모든 것은 불사가 아닌 다음과 같은 것을 알려 줄 뿐이지 말란 법이 없다는 걸세. 영혼은 오래가고, 이전에도 어딘가에 엄청난 시간 동안 있었으며, 많은 어떤 것들을 알았고 행했다는 것 말일세. 하지만 그렇다고 그것이 더 불사적이게 되는 것은 아니며, 인간의 몸 안으로 들어가는 것 자체가 그것에게는 마치 질병 같은 소멸의 시작이고, 그것은 이 생을 실로 고생스럽게 살아가다가 마침내 죽음이라 불리는 것 안에서 소멸하게 된다는 거지. 그리고 자네 말인즉, 영혼이 몸 안으로 한 번을 들

c

d

어가든 여러 번을 들어가든, 우리들 각자가 두려워하는 것과 관
련해서는 차이가 없다는 것이네. 그것이 불사함을 모르거나 그 　　　e
것에 대한 설명을 제시하지 못하는 사람은, 멍청한 것이 아니라
면, 두려워해야 마땅하니 말일세. 케베스, 이런 어떤 것들이, 내
생각에, 자네가 이야기하는 바일세. 그리고 나는 어떤 것도 우리
를 피해 가지 않도록, 그리고 자네가 원하는 것이 있으면 더하거
나 뺄 수 있도록 의도적으로 여러 번 반복하고 있는 중이네." 소
크라테스가 말했습니다.

그러자 케베스가 말했습니다. "아니 저로서는 현재 빼거나 더
할 필요가 없습니다. 그것들이 제가 이야기하는 바입니다."

그러자 소크라테스는 오랜 시간 동안 말을 멈추고 뭔가를 스
스로 생각하더니 말했습니다. "케베스, 자네가 묻고 있는 것은
사소한 문제가 아니네. 생성과 소멸 전반에 관한 원인[146]을 자세
히 논의해야만 하니 말일세. 이제 자네가 원한다면, 자네에게 그 　　　96a
것들과 관련해서 내가 겪은 일을 이야기해 주지. 그런 다음 내가
말한 것 중 뭔가가 자네에게 쓸모 있어 보이면, 자네가 이야기하
는 것들에 관련된 설득을 위해서 이용할 수 있을 걸세."

"원하고말고요, 소크라테스." 케베스가 말했습니다.

"그러면 내 말할 테니 들어 보게. 케베스, 젊었을 적에 나는 사
람들이 자연에 대한 탐구[147]라 부르는 바로 그 지혜를 굉장히 열
망했다네. 각각의 것의 원인들, 즉 왜 각각의 것이 생겨나고, 왜

소멸하고, 왜 있는지를 아는 것이 내겐 대단한 일로 여겨졌거든. 처음엔 다음과 같은 것들을 탐구하면서 정말 여러 번 우왕좌왕

b 했다네. 따뜻함과 차가움이 부패되는 바로 그때, 어떤 이들이 말했던 것처럼, 생물들이 형성되는 것인가?[148] 그리고 우리가 생각하는 수단은 피인가,[149] 공기인가,[150] 불인가,[151] 아니면 이것들 중 어떤 것이 아니라, 뇌가 듣고 보고 냄새 맡는 감각을 제공하는 것이고,[152] 이것들로부터 기억과 판단이 생겨나며, 기억과 판단이 안정되면 이것들에 따라서 지식이 생겨나는 것인가? 그리

c 고 이번에는 이것들의 소멸들에 대해 탐구하고, 하늘과 땅에서 일어나는 일들을 탐구하다가, 마침내 나 자신이 이런 종류의 탐구에는 전혀 소질이 없다는 생각이 들었네. 그 충분한 증거를 자네에게 말해 주지. 나는 그때 그 탐구에 의해서, 적어도 나와 다른 사람들이 생각하기에는, 내가 이전에 분명히 알고 있었던 것들에 대해서 완전히 눈이 멀어 버려서, 내가 이전에 알고 있다고 생각했던 그것들에 대해서도 앎을 잃어버렸으니 말일세. 다른 많은 것들이 있겠지만, 예를 들어 무엇 때문에 인간이 자라는가에 대해서, 나는 이전에는 그것이 먹고 마심 때문이라는 건 누

d 가 봐도 분명하다고 생각했었네. 음식물들로부터 살은 살에 더해지고, 뼈는 뼈에, 그리고 같은 원리로 각각의 것에 그것들에게 고유한 것이 더해지게 되면, 바로 그때 작은 덩치였던 것이 후에 크게 되는 것이고, 이런 식으로 작은 사람이 큰 사람이 되는 것

이라고 말일세.[153] 이런 식으로 그때 나는 생각했었다네. 적절하
다고 생각되지 않나?" 그가 말했습니다.

"제게는 그렇습니다." 케베스가 말했습니다.

"그러면 나아가 이런 것들도 살펴보게. 작은 사람 옆에 서 있
는 큰 사람이 머리에 의해서[154] 커 보일 때, 그리고 말이 말보다   e
그러할 때, 나는 그렇게 생각하는 것으로 충분하다고 생각했네.
그리고 이것보다 훨씬 더 명백한 경우들로, 열은 여덟보다 이것
에 둘을 더했기 때문에 더 크고, 2페퀴스는 1페퀴스보다 그것의
반만큼 초과했기 때문에 더 큰 것이라고 내겐 생각되었지."

"그런데 지금은 그것들에 대해서 어떻게 생각되시는데요?" 케
베스가 말했습니다.

"맹세하지만, 이것들 중 어떤 것에 대해서도 원인을 안다고 생
각하는 것과는 아마도 거리가 멀다고 해야겠지. 누군가가 하나
에 하나를 더할 때, 더해지는 쪽의 하나가 둘이 된다는 것이나,   97a
더하는 쪽과 더해지는 쪽이, 한쪽의 다른 쪽에 대한 더해짐을 통
해서, 둘이 된다는 것도 스스로 받아들이지 못하는 터이니 말일
세. 왜냐하면 그것들 각각이 서로 떨어져 있을 때는 각각이 하나
이고 그때는 둘이 아닌데, 그것들이 서로 가까이 있게 되니, 서
로 가까이 놓임이라는 바로 이 모임이 그것들에게 있어서 둘의
생겨남의 원인이 되는 것인지가 의아스럽거든. 또한 나는 하나
를 나누면, 이번에는 바로 이 나눔이 둘의 생겨남의 원인이 된다

는 것 역시도 더 이상 확신할 수가 없네. 왜냐하면 아까 둘이 됨의 원인이었던 것과 반대되는 것이 원인이 되거든. 아까는 서로
b 가깝게 모아져서 하나가 다른 하나에 더해지는 것이 원인이었는데, 이번에는 떼어 내져서 하나가 다른 것으로부터 떨어지게 되는 것이 원인이니 말일세. 나는 무엇 때문에 하나가 생겨나는지를 안다고도, 그리고 다른 것에 대해서도 한마디로 그것이 무엇 때문에 생기고 소멸되고 존재하는가를 안다고, 이 탐구의 방식을 따라서는, 더 이상 나 자신을 납득시킬 수가 없네. 나는 스스로 다른 어떤 방식을 두서없이 뒤섞으면서도, 저 방식은 결코 받아들이지 않고 있네." 그가 말했습니다.

c   "그런데 언젠가 나는 누군가가 그의 말로는 아낙사고라스가 썼다고 하는 어떤 책을 읽는 것을 듣게 되었네. 그런데 거기에선 말하기를, 모든 것들을 질서 짓고 그것들의 원인이 되는 것은 바로 지성이라는 거야.[155] 나는 이 원인이 마음에 들었고, 어떤 식으로든 지성이 모든 것의 원인인 건 잘된 일이라는 생각이 들었네. 그리고 만일 그것이 사실이라면, 지성은 모든 것을 질서 짓는 데 있어서 각각의 것을 최선의 방식으로 질서 짓고 위치시킬 것이라고 생각했네. 그래서 만일 누군가가 각각의 것에 대해서 어떻게 그것이 생겨나거나 소멸하거나 있는지 그 원인을 알아내고자 한다면, 그는 각각의 것에 대해 다음과 같은 것을 알아내야 한다고 생각했지. 그것이 있거나 다른 어떤 일을 겪거나 작용하

는 것이 그것에게 어떻게 최선인지를 말일세. 그러므로 이 논리 　d
에 따르면 사람은, 자신에 대해서건 다른 것들에 대해서건, 다름
아닌 가장 좋고 최선인 것을 탐구해야 마땅하네. 같은 사람이 필
연적으로 더 나쁜 것도 알아야 하겠지. 이것들에 대한 지식은 같
은 것이니까.[156] 이런 것들을 따져 보고서, 나는 있는 것들에 대
해서 나의 지성에 맞는 원인을 가르쳐 줄 사람, 즉 아낙사고라
스를 발견했다고 생각하니 기뻤네. 그리고 나는 우선 그가 지
구가 평평한지 아니면 둥근지를 말해 줄 것이고,[157] 그것을 말해 　e
줄 때는 더 좋은 것, 즉 그것은 그러한 편이 더 좋다고 이야기함
으로써, 그 원인과 필연성을[158] 덧붙여 설명해 줄 거라고 생각했
네. 그리고 지구가 한가운데에 있다고 그가 말한다면, 그는 그것
이 한가운데에 있는 것이 더 좋다는 것도 덧붙여 설명해 줄 거라
고 생각했네. 그리고 그가 내게 이런 것들을 밝혀 준다면, 나는 　98a
다른 종류의 원인을 더 이상 열망하지 않을 준비가 되어 있었네.
특히 태양과 달과 다른 별들에 대해서, 그것들의 상대적인 속
도와 방향 전환과 그 밖에 그것들에게 일어나는 일들에 관해서,
그 각각이 하는 일들을 하고 겪는 일들을 겪는 것이 도대체 어떻
게 더 좋은 일인가를 같은 식으로 알게 될 준비가 되어 있었네.
왜냐하면 그가 그것들이 지성에 의해서 질서 지어진다고 말하
고 나서, 그것들이 지금 있는 대로 있는 것이 최선이라는 것 외
의 다른 어떤 원인을 그것들에 들이대리라고는 결코 생각지 않

b 았거든. 그래서 그가 그것들 각각과 전체에 공히 원인을 할당하고, 그 각각에 가장 좋은 것과 전체에 공통적으로 좋은 것을 덧붙여 설명해 줄 것이라 생각했지. 나는 이 희망들을 어떤 큰 대가를 받고도 팔지 않을 참이었고, 그 책들을 엄청나게 급히 구해서 가능한 최대의 속도로 읽었다네. 최대한 빨리 가장 좋은 것과 더 나쁜 것을 알기 위해서 말일세.

이 엄청난 기대로부터, 벗이여, 나는 그만 내동댕이쳐지고 말았다네. 읽어 나가면서 보니, 그 사람은 지성을 사용하지도,[159]

c 그것에 사물들을 질서 짓는 일과 관련된 어떠한 원인도 돌리지 않고, 공기와 아이테르와 물과 그 밖의 여러 이상한 것들을 원인으로 대더란 말일세. 내 생각에 그건 마치 어떤 사람이, 소크라테스는 모든 하는 일을 지성에 의해서 한다고 말하고 나서는, 내가 하는 일들 각각의 원인을 말하려 할 때에는 다음과 같은 식으로 말하는 것이나 매한가지네. 그는 우선 내가 여기에 앉아 있는 것은 내 몸이 뼈들과 근육들로 이루어져 있는데, 뼈들은 단단하

d 고 관절들에 의해 서로 분리되어 있는 반면, 근육들은 팽팽해지고 느슨해질 수가 있어서 이것들이 뼈들을 살들과 이것들을 유지시키는 피부와 함께 둘러싸고 있기 때문이라고 말할 걸세. 그래서 그 뼈들이 그것들의 관절들에서 들려졌을 때, 근육들이 느슨해지고 팽팽해짐으로써 어떤 식으로 지금 나의 사지를 굽힐 수 있도록 만드는 것이고, 이런 이유로 내가 여기에서 다리를 굽

114

히고 앉아 있다는 것이지. 그리고 이번에는 우리가 이야기를 나누고 있는 것에 대해서도 그는 그런 종류의 다른 원인들을 대서, 소리니 공기니 청각이니 그런 종류의 다른 무수한 것들에 원인을 돌리면서, 참된 원인들을 대는 것에는 신경을 쓰지 않네. 그 e 참된 원인은 아테네인들에게는 나에게 유죄판결을 내리는 것이 더 좋다고 생각이 되었고, 바로 이 때문에 나에게는 여기에 앉아 있는 것이 더 좋은 일이고 여기 남아 그들이 명하게 될 처벌을 받는 것이 더 정의로운 일이라고 생각되었다는 것이네. 왜냐하면 맹세하지만, 내 생각에, 만일 내가 도피하거나 도주하지 않고 99a 이 나라가 어떤 처벌을 내리든 그것을 받는 것이 더 정의롭고 훌륭한 일이라고 생각하지 않았다면, 이 근육들과 뼈들은, 더 나은 것에 대한 판단에 이끌려서 오래전에 메가라나 보이오티아 지역에 가 있었을 테니 말일세. 하지만 이런 것들을 원인들이라고 부르는 것은 매우 이상한 일일세. 만일 누군가가 이런 것들, 즉 뼈들과 근육들과 내가 가지고 있는 다른 것들을 가지지 않고서는 내가 생각하는 것들을 행할 수가 없다고 말한다면, 그건 맞는 말이겠지. 그렇지만 내가 하는 일들을 하는 것이 이것들 때문이고, 내가 그 일들을 지성에 의해 행하지만 그건 최선을 선택함에 의해서는 아니라고 한다면, 그건 매우 그리고 몹시 부주의한 주장 b 이 될 걸세. 왜냐하면 그것은 진정한 원인과 그것 없이는 원인이 원인일 수 없는 것[160]이 다름을 구분하지 못하는 것이니 말일세.

바로 이것을 내가 보기에 대중들이, 마치 어둠 속에서 더듬거리는 것처럼,[161] 잘못된 이름을 사용해서 원인이라 부르고 있다네. 그래서 어떤 사람은 주위에 소용돌이를 놓음으로써 지구를 하늘에 의해 그 자리에 머물도록 만들고,[162] 어떤 사람은 마치 평평한 반죽통처럼 공기를 납작하게 만들어서 밑받침으로 삼지.[163] 하지만 그들은 그것들을 가능한 한 최선의 상태로 지금 그렇게 있도록 하는 힘, 이것을 찾지도 않고, 그것이 어떤 신적인 힘을 가졌다고 생각하지도 않네. 오히려 그들은 언젠가 이것보다 더 힘세고 더 불사이며 모든 것들을 더 잘 결합시키는 아틀라스[164]를 발견할 거라 여기며, 정말로 좋고 묶는 것[165]이 함께 묶고 결합시킨다고는 전혀 생각지 않네. 자, 나는 그러한 원인이 대체 어떠한가를 배우기 위해서 누구의 제자라도 기꺼이 되려 했다네. 하지만 이것을 박탈당했고, 스스로 그것을 알아낼 수도 다른 사람으로부터 배울 수도 없게 되어 버린 다음, 내가 그 원인의 탐구를 위한 두 번째 항해[166]에 어떻게 힘써 왔는지를 자네에게 보여 주길 바라나, 케베스?" 그가 말했습니다.

"엄청나게요." 그가 말했습니다.

"그러자 그다음으로 내겐 이런 생각이 들었네." 그가 말했습니다. "있는 것들을 고찰하는 데 진력난 상태인지라, 일식이 일어나는 태양을 바라보고 탐구하는 사람들이 겪는 것과 같은 일을 겪지 않도록 조심해야 한다고 말일세. 물이나 그런 어떤 것 안에

116

서 태양의 상(像)을 관찰하지 않으면 어떤 사람들은 눈을 버리기   e
도 하네. 그런 어떤 것을 나도 생각했고, 사물들을 눈으로 바라
보고 감각들 각각으로 그것들을 파악하려 하다가 영혼이 완전히
눈멀어 버리지 않을까 두려웠던 거지. 그래서 나에겐 말들[167]에
로 도피해서 그것들 속에서 있는 것들의 진리를 탐구해야 한다
는 생각이 들었네. 아마도 내 비유는, 어떤 점에서, 적절치 않을
걸세. 왜냐하면 말들 안에서 있는 것들을 탐구하는 사람이 사태   100a
들 안에서[168] 탐구하는 사람에 비해 한층 더 상(像)들 속에서 탐구
하는 것이라는 데 나는 전혀 동의하지 않거든. 하지만 어쨌든 나
는 이런 식으로 시작했네. 매번 내가 가장 강하다고 판단하는 말
을 가정한[169] 다음, 이것에 부합한다[170]고 내게 생각되는 것은, 원
인들에 대해서건 다른 모든 것들에 대해서건, 참인 것으로 놓고,
그렇지 않은 것은 참이 아닌 것으로 놓네. 내가 말하는 바를 자
네에게 좀 더 분명하게 이야기하고 싶군. 자네가 지금 이해를 못
하고 있는 것 같아서 말이야." 그가 말했습니다.

"맹세코, 확실하게는 아닙니다." 케베스가 말했습니다.

"하지만 내가 말하는 것은 전혀 새로운 것이 아니라, 다른 때   b
에도 앞선 논의에서도 늘 내가 끊임없이 이야기했던 것이라네.
자, 그러면 내가 힘써 온 원인의 유형을 자네에게 제시하도록 하
지. 나는 수도 없이 읊어 왔던 것들로 되돌아가 그것으로부터 시
작하겠네. 어떤 아름다운 것이 그것 자체로 있고, 좋은 것, 큰

것, 그리고 다른 모든 것들도 그러하다고 가정하고서 말일세. 이
것들을 만일 자네가 내게 허용하고 동의해 준다면, 그것들을 바
탕으로 해서 그 원인을 제시하고, 영혼이 불사한다는 것을 알아
내고 싶네." 그가 말했습니다.

c   "예, 그렇게 해도 좋다고 생각하시고 주저 없이 마무리하시지
요." 케베스가 말했습니다.

    "그러면 그것들 다음에 오는 것들에 대해서도 자네가 나와 같
은 생각인지 살펴보게." 그가 말했습니다. "내가 보기에는 만일
아름다움 자체 외에 다른 어떤 아름다운 것이 있다면, 그것이 아
름다운 것은 저 아름다움을 나눠 갖는다는 것 외의 다른 어떤 원
인 때문이 아니거든. 그리고 나는 모든 것들이 그러하다고 말하
겠네. 이러한 원인에 자네는 동의하나?"

    "동의합니다." 그가 말했습니다.

    "따라서 나는 다른 저 지혜로운 원인들을 더 이상 알지도 못하
d 고 알아볼 수도 없네. 만일 누군가가 내게 무엇 때문에 어떤 것
이 아름다운가에 대해서, 그것이 피어나는 색깔이나 모양이나
그런 종류의 다른 뭔가를 가졌다는 사실을 댄다면, 나는 그 다른
것들에는 작별을 고한 채 (그 모든 다른 것들 속에서 나는 혼란스럽
거든) 단순하고, 우직하고, 아마도 순진하게 다음과 같은 것만을
내 곁에 붙들고 있을 걸세. 그것을 아름답게 만드는 것은 다름
아닌 저 아름다움이라는 것, 그것의 현전이 되었건, 공존이 되었

건, 어떤 식으로 어떻게 그것이 덧붙여지건[171] 간에 말일세. 여기에 대해서는 그 이상 단정적으로 말하진 않겠네. 하지만 모든 아름다운 것들이 아름다움에 의해서 아름다워진다는 것에 대해서는 그럴 걸세. 왜냐하면 이것은, 내 생각에, 나 자신에게나 다른 사람에게나 답으로 대기에 가장 안전한 것이거든. 그리고 이것을 붙들고 있으면 나는 결코 넘어지지 않을 것이고, 나에게도 어떤 다른 사람에게도, 아름다움에 의해서 아름다운 것들이 아름답다고 대답하는 것은 안전한 것이라고 생각되니 말일세. 자네에게도 그렇게 생각되지 않나?" 그가 말했습니다.

"그렇게 생각됩니다."

"그럼 큼에 의해서 큰 것들이 크고 더 큰 것들이 더 큰 것이며, 작음에 의해서 더 작은 것들이 더 작은 것이군?"

"예."

"그럼 누군가가 말하기를 한 사람이 다른 사람보다 머리에 의해서 크고, 작은 사람도 같은 그것에 의해서 작다고 한다면, 자네는 이 말을 받아들이지 않고 이의를 제기하겠군. 자네는 하나가 다른 하나보다 더 큰 모든 것들은 다름 아닌 큼에 의해서 더 큰 것이며, 바로 이 큼 때문에 더 큰 것이라고 말할 것이고, 더 작은 것은 다름 아닌 작음에 의해서 더 작은 것이며, 바로 이 작음 때문에 더 작은 것이라고 말할 걸세. 내 생각에 그건 어떤 반론에 맞닥뜨리지나 않을까가 두려워서지. 만일 자네가 어떤 사람이 머리에 의해서 더 크고 더 작다고 말한다면, 우선 동일한 것에 의해서 더 큰 것이 더 크고 더 작은 것이 더 작은 것이게 되는 것이고, 다음으로는 작은 것인 머리에 의해서 더 큰 것이 더 크게 되는 것인데, 작은 무엇인가에 의해서 어떤 사람이 크다는
b 것, 이건 실로 괴이한 일이네. 자네는 이것이 두렵지 않겠나?"

그러자 케베스가 웃으며 말했습니다. "저는 그럴 겁니다."

"그러면 자네는 열이 여덟보다 둘에 의해서 더 많고, 바로 이 원인 때문에 초과한다고 말하는 건 두려워하겠지만, 큼에 의해서 그리고 큼 때문이라고 하는 것에는 그렇지 않겠지? 그리고 2페퀴스가 1페퀴스보다 반에 의해서 더 크다고 말하는 건 두려워하겠지만, 큼에 의해서라고 하는 것에는 그렇지 않겠지? 그건 아마 같은 두려움일 테니 말일세." 그가 말했습니다.

"물론입니다." 그가 말했습니다.

"그러면 어떤가? 하나가 하나에 더해질 때 그 더함이 둘이 됨의 원인이라거나, 그것이 나누어질 때 그 나눔이 그렇다고 말하
c 는 걸 자네는 조심하지 않겠나? 자네는 크게 외칠 걸세. '각각의 것이 생겨날 때, 그것이 나눠 갖게 될 각각의 고유한 존재를 나눠 갖는 것 외의 다른 어떤 방식으로 이 일이 일어나는지 나는 알지 못한다.' 그리고 이 경우들에 있어서, 자네는 둘을 나눠 가짐 외에 둘이 됨의 다른 어떤 원인도 가지고 있지 않으며, 둘이 되려는 것들은 이것을, 그리고 하나가 되려는 것은 하나를 나눠

가져야만 한다고 말일세. 자네는 나눔과 더함과 그러한 다른 세련된 것들은 자네보다 더 지혜로운 사람들이 답하도록 맡긴 채 내버려 둘 걸세. 자네는, 속담처럼, 자신의 그림자와 미숙함을 염려해서, 그 가정의 저 안전함을 붙들고 그렇게 대답할 걸세. 그런데 만일 누군가가 그 가정 자체를 붙들고 늘어진다면, 자네는 그를 내버려 둘 것이고, 저 가정으로부터 따라 나오는 것들이 자네가 보기에 서로 부합하는지 어긋나는지를 고찰할 때까지는 답하지 않을 걸세. 저 가정 자체에 대해서 자네가 설명을 제시해야[172] 할 필요가 있을 때에는, 다시 위에 있는 것들 중에서 가장 좋아 보이는 어떤 가정을 다시 가정하고, 같은 식으로 설명을 제시할 걸세. 충분한 어떤 것에 도달할 때까지[173] 말일세. 하지만 자네는 반론꾼들[174]처럼 그 출발점과 그것으로부터 따라 나오는 것들을 동시에 논의함으로써 뒤죽박죽을 만들지는 않겠지? 만일 있는 것들 중 무엇인가를 알아내길 원한다면 말일세. 저들에게는 그것에 대한 논의도 관심도 전혀 없는 것 같거든. 그들은 지혜에 의해서 모든 것들을 한데 뒤섞으면서도 스스로 만족하고도 남을 사람들이니까. 하지만 자네는, 만일 지혜를 사랑하는 사람들에 속한다면, 내가 말하는 대로 할 거라 생각하네."

"정말로 맞는 말씀입니다." 심미아스와 케베스가 동시에 말했습니다.

에케크라테스   맹세코, 케베스, 그럴 법합니다. 제가 생각하기에,

머리 나쁜 사람에게도 분명할 정도로 굉장하게 그가 그것들을 말했어요.

파이돈 정말 그렇지요, 에케크라테스. 같이 있었던 모든 사람들 역시 그렇게 생각했습니다.

에케크라테스 같이 있지 못하고 지금 듣고 있는 우리에게도 그러하니까요. 그런데 그다음으로 이야기된 것들은 무엇이었나요?

b 파이돈 제가 생각하기로는, 이것들이 합의되고 형상들 각각은 어떤 것이라는[175] 점과 다른 것들은 이것들을 함께 가짐으로써 그것들의 이름을 갖게 된다는 점이 동의되자, 그는 그다음으로 물었습니다. "그게 사실이라고 자네가 말한다면, 심미아스가 소크라테스보다는 크지만 파이돈보다는 작다고 말할 때 자네는 큼과 작음이 둘 다 심미아스 안에 있다고 말하는 것이 아닌가?" 그가 말했습니다.

"저는 그렇습니다."

"그렇지만 심미아스가 소크라테스를 초과함이라는 건 진실에

c 부합하는 말들로 이야기되지 않았다는 데 동의하나? 왜냐하면 심미아스는 아마도 본성상, 즉 심미아스임에 의해서 그를 초과하는 것이 아니라, 그가 우연히 가지게 된 큼에 의해서 그런 것이니 말일세. 또한 그가 소크라테스를 초과하는 것은 소크라테스가 소크라테스이기 때문이 아니라, 소크라테스가 저 사람의 큼과 관련해서 작음을 가지고 있기 때문이지?"

"맞습니다."

"또한 그가 파이돈에 의해 초과되는 것도 파이돈이 파이돈이기 때문이 아니라, 파이돈이 심미아스의 작음에 관련해서 큼을 가지고 있기 때문이지?"

"그렇습니다."

"그럼 심미아스는 다음과 같은 식으로 작음과 큼이라는 이름을 가지는 것이군. 양쪽의 가운데에 있어서, 한쪽의 큼에는 그 작음을 초과하도록 굴복시키고, 다른 쪽에는 그 작음을 초과하는 큼을 제시함으로써[176] 말일세." 그는 동시에 미소를 지으며 말했습니다. "내가 정말 책처럼 말을 하고 있는 것 같군. 하지만 아무튼 내가 말한 대로이긴 할 거야." 그가 동의했습니다.

"내가 이 말을 하는 것은 내가 생각하는 대로 자네도 생각했으면 해서라네. 내가 보기에는 큼 자체만이 결코 동시에 크면서 작으려 하지 않을 것이 아니라, 우리 안의 큼도 결코 작음을 추가로 받아들이지 않고 초과되려 하지 않을 것이거든. 오히려 다음 둘 중 하나일 걸세. 반대되는 것, 즉 작음이 접근해 올 때 그것은 피하고 자리를 내주거나, 아니면 작음이 도달했을 때 소멸해 버리거나 말일세. 그것은 남아서 작음을 받아들여 자기 자신이었던 바와 다른 어떤 것이 되려 하지는 않을 걸세. 나는 작음을 받아들이고 그 속에 머물 때에도, 여전히 나인 바이고, 동일한 이 사람이 작은 것이네. 반면 저것[177]은 큰 것이면서 작음을 감당할 수가 없네. 마찬가지로 우리 안의 작음도 결코 큰 것이 되고 큰 것이고자 하지 않을 것이고, 반대들 중 다른 어떤 것도 그것 자
103a 신인 바이면서 동시에 반대되는 것이 되고 반대되는 것이고자 하지 않을 것이네. 만일 그런 일이 일어나면 그것은 떠나 버리거나 소멸할 걸세."

"제겐 전적으로 그래 보입니다." 케베스가 말했습니다.

그러자 옆에 있던 사람들 중 누군가가—그가 누구였는지는 명확히 기억나지 않습니다만—그걸 듣고 말했습니다. "맹세하지만, 앞선 당신들의 논의에서는 지금 이야기된 것과는 반대되는 것이 동의되지 않았나요? 더 작은 것에서 더 큰 것이, 그리고 더 큰 것에서 더 작은 것이 생기며, 반대되는 것들에게 생겨남이란 간단히 말해서 바로 이것, 즉 반대되는 것들로부터의 생겨남이라고 말입니다. 그런데 제 생각에 지금은, 그런 일은 결코 일어날 수 없다고 이야기되고 있는 것 같습니다."

b 그러자 소크라테스가 고개를 돌려 듣고서는 말했습니다. "씩씩하게도 상기시켜 주었군. 그렇지만 자네는 지금 이야기된 것과 그때 이야기된 것의 차이를 깨닫지 못하고 있네. 그때는 반대되는 사물[178]로부터 반대되는 사물이 생겨난다고 이야기했었고, 지금은 반대 자체가, 그것이 우리 안의 것이건 본성상의 것이건, 결코 자신과 반대되는 것이 될 수 없다고 이야기하는 것이니 말일세. 그때는, 벗이여, 반대되는 것들을 가지고 있는 것들에 대

해서, 뒤의 것을 앞의 것의 이름으로 부르며 이야기했었고, 지금은 그렇게 이름 불리는 것들 안에 있음으로써 그것들이 그 이름들을 갖게 만드는 앞의 것 자체에 대해 이야기하는 것이네. 우 c 리는 앞의 것들 자체가 결코 서로로부터의 생겨남을 받아들이지 않을 거라고 말하고 있는 걸세." 그러면서 그는 케베스 쪽을 바라보면서 말했습니다. "케베스, 이 사람이 말한 것들 중에 뭔가가 혹 자네도 혼란스럽게 한 건 아니겠지?"

"이번에는 그렇지 않습니다." 케베스가 말했습니다. "비록 많은 것들이 저를 혼란스럽게 한다는 걸 부정하지는 않겠지만 말이지요."

"그럼 반대되는 것이 자신에 반대되는 것이 되는 일은 결코 없으리라는 이 점에 대해서는 우리가 단적으로 동의한 것이군?" 그가 말했습니다.

"전적으로 그렇습니다."

"그러면 거기에다가 다음과 같은 것에도 자네가 과연 동의하는지 살펴보게. 자네는 뜨거움과 차가움을 무엇인가라고 부르나?"

"그렇습니다."

"그것들이 바로 눈 그리고 불인가?"

"천만에요." d

"그게 아니라 뜨거움은 불과 다른 어떤 것이고, 차가움은 눈과 다른 어떤 것인가?"

"예."

"하지만 자넨 이렇게 생각하기는 할 거라 생각하네. 눈은 결코, 우리가 앞서 말한 것처럼, 뜨거움을 받아들이고도 여전히 바로 그것이었던 것일 수, 즉 눈이면서 뜨거운 것일 수 없으며, 뜨거움이 접근해 오면 피하거나 소멸할 것이라고 말일세."

"물론입니다."

"그리고 불 역시도 차가움이 그것에 접근해 오면 사라지거나 소멸한다고 말일세. 차가움을 받아들이고도 여전히 바로 그것이었던 것임을, 즉 불이면서 차가운 것임을 결코 감당하지 못하고 말이지."

"맞는 말씀입니다." 그가 말했습니다.

e

"그럼 이런 것들 중 몇몇에 대해서는, 오직 형상 자체만이 그것의 이름을 영원히 가질 자격이 있는 것이 아니라, 형상 자체는 아니지만 그것이 있을 때면 늘 그것의 꼴[179]을 항상 가지는 다른 어떤 것이 있는 것이군. 내 말은 다음의 예에서 아마 한층 더 분명해질 걸세. 홀은 지금 우리가 이야기하는 이름[180]을 아마도 늘 가지고 있어야만 할 거야. 그렇지 않나?" 그가 말했습니다.

"물론입니다."

104a

"있는 것들 중에 그것만이 그러한가,―이게 내 질문이네―아니면 홀 자체는 아니지만, 본성상 홀과는 결코 떨어질 수 없는 것이기 때문에 그 자신의 이름과 더불어 늘 홀이라고도 불러야 하는 다른 어떤 것이 있는가? 나는 셋이나 그 밖의 많은 것들에 일어나는 일을 이야기하는 걸세. 셋에 대해 살펴보게. 자네는 그것이 그 자신의 이름뿐만 아니라 홀의 이름으로도, 그것이 바로 셋인 것은 아님에도 불구하고,[181] 늘 불려야 한다고 생각하지 않나? 하지만 그럼에도 불구하고, 셋과 다섯과 수의 절반 모두가 바로 홀인 것은 아니지만 그것들 각각은 늘 홀이라는 본성을 가지고 있네. 그리고 둘과 넷과 수의 나머지 계열 모두가 바로 짝인 것은 아니지만, 그럼에도 불구하고 그것들 각각은 늘 짝이네. 동의하나, 그렇지 않나?"

"어찌 아니겠습니까?" 그가 말했습니다.

"이제 내가 밝히고자 하는 바를 주목하게. 그건 이런 걸세. 저 반대되는 것들만이 서로 받아들이지 않는 것이 아니라, 서로 반대되지는 않지만 늘 반대되는 것들을 가지고 있는 모든 것들 역시 그러하다는 것이 분명하네. 이것들 역시 자기들 안에 있는 것과 반대되는 이데아는 결코 받아들이지 않고, 그것이 공격해 오면[182] 소멸하거나 피하는 것처럼 보이네. 셋은 그것이 셋으로 남아 있으면서 짝이 되기 전에 소멸하거나 뭔든 다른 일을 겪을 거라고 우리는 말하지 않겠나?" 그가 말했습니다.

"물론입니다." 케베스가 말했습니다.

"둘은 셋과 반대되는 것도 아니네." 그가 말했습니다.

"아니고말고요."

"그럼 반대되는 형상들만이 서로 공격할 때 버텨 내지 못하는 것이 아니라, 다른 어떤 것들 역시 반대되는 것들이 공격할 때 버텨 내지 못하는군."

"정말로 맞는 말씀이십니다." 그가 말했습니다.

"그러면 자네는 우리가 할 수 있다면 이것들이 어떠한 것들인지 규정하길 바라나?" 그가 말했습니다.

"물론이지요."

d "그러면 케베스, 그것들은 이런 것들일까? 그것들이 차지한[183] 것이 무엇이건 그것으로 하여금 자신[184]의 형상뿐만 아니라 어떤 반대되는 것의 형상도 늘 갖게 만드는 그런 것들 말이야."

"무슨 말씀이신지?"

"방금 말했던 것처럼 말일세. 셋의 이데아가 차지한 것들은 필연적으로 셋일 뿐 아니라 홀이기도 하다는 걸 자넨 알지 않나."

"물론입니다."

"이런 것에는 그 작용을 하는 꼴과 반대되는 이데아가 결코 올수 없을 것이라고 하지."

"그럴 수는 없지요."

"그런데 작용한 것은 홀의 꼴이지?"

"예."

"이것과 반대되는 것은 짝의 이데아이지?"

"예."

"그럼 짝의 이데아는 결코 셋인 것들을 공격하지 않겠군."   e

"정말 아닙니다."

"그렇다면 셋인 것들은 짝의 부분이 아니네."

"부분이 아닙니다."

"그럼 셋은 비-짝이군."

"예."

"이제 내가 규정하겠다고 말했던 것, 즉 어떤 것에 반대되지는 않지만 그럼에도 불구하고 그것, 즉 반대를 받아들이지는 않는 종류의 것들에 대해서―예를 들어 방금 이야기한 셋인 것들은 짝에 반대되지는 않지만 결코 그것을 받아들이지 않는데, 왜냐하면 그것에 반대를 항상 가져오기 때문이지. 그리고 둘은 홀에 대해서, 불은 차가움에 대해서, 그리고 그 밖의 수많은 것들이 그러하네―그러면 자네가 이렇게 규정할 것인지 보게. 반대   105a
되는 것만이 반대되는 것을 받아들이지 않는 것이 아니라, 무엇에게로 가든 그것에 어떤 반대를 가져오는 것 역시도, 그 가져오는 것 자체는 그것이 가져오는 것에 반대되는 것을 결코 받아들이지 않는다고 말일세. 다시 한 번 상기해 보게. 여러 번 들어서 나쁠 건 없으니까. 다섯은 짝의 이데아를 받아들이지 않을 것이고 이것의 두 배인 열은 홀의 이데아를 받아들이지 않을 걸세. (물론 이것[185] 자체도 어떤 것의 반대이지만, 그럼에도 불구하고 홀의 이데아는 받아들이지 않을 걸세.) 하나 반이나, 그런 다른 것들, 즉

b　반 역시 정수의 이데아를 받아들이지 않을 것이고, 나아가 삼 분의 일과 모든 그런 것들 역시 그러할 걸세. 자네가 나를 따르고 나에게 동의한다면 말일세."

"전적으로 동의하고 따릅니다." 그가 말했습니다.

"그렇다면 내게 다시 처음부터 말해 주게. 그리고 내가 묻는 그대로가 아니라 나를 흉내 내서 대답하게. 이 말을 하는 건 바로 내가 처음에 말했던 대답, 저 안전함 외에도 내가 방금 말한 것들로부터 또 다른 안전함을 보고 있어서라네. 만일 자네가 나에게 무엇이 몸 안에 생겨나면 그것이 뜨거워지느냐고 묻는다

c　면, 나는 저 안전하고 무식한 답, 즉 뜨거움을 대지 않고, 방금 이야기된 것들을 바탕으로 좀 더 세련된 답, 즉 불을 댈 것이거든. 또 자네가 무엇이 몸에 생겨나면 병이 드는가를 묻는다면, 나는 병이라고 말하지 않고 열이라고 말할 걸세. 그리고 무엇이 수에 생겨나면 그것이 홀이 될 것인가를 묻는다면, 나는 홀이라고 말하지 않고 하나라고 말할 걸세. 자, 이제 내가 원하는 바를 자네가 이제 충분히 이해했나 보게." 그가 말했습니다.

"매우 충분하게요." 그가 말했습니다.

"그렇다면 대답하게. 무엇이 몸 안에 생겨나면 그것이 살아 있게 되나?" 그가 말했습니다.

"영혼입니다." 그가 말했습니다.

d　"그러면 그건 언제나 그러한가?"

"어찌 아니겠습니까?" 그가 말했습니다.

"그럼 영혼은 그것이 차지하는 것이 무엇이건 항상 그것에 삶을 가져오는군?"

"정말로 가져오지요." 그가 말했습니다.

"그런데 삶에 반대되는 어떤 것이 있나, 아니면 없나?"

"있습니다." 그가 말했습니다.

"그게 뭐지?"

"죽음입니다."

"그러면 영혼은 자신이 항상 가져오는 것에 반대되는 것은 결코 받아들이지 않겠지? 우리가 앞서 동의한 것들에 근거할 때 말이야."

"매우 확실하게도요." 그가 말했습니다.

"그러면 어떤가? 짝의 이데아를 받아들이지 않는 것을 우리가 방금 뭐라 이름 붙였지?"

"비–짝입니다." 그가 말했습니다.

"정의로움을 받아들이지 않는 것과 교양 있음[186]을 받아들이지 않는 것은?"

"교양 없음, 그리고 다른 쪽은 부정의입니다." 그가 말했습니다.

"좋아. 죽음을 받아들이지 않는 것은 무엇이라 부르는가?"

"불사입니다." 그가 말했습니다.

"그러면 영혼은 죽음을 받아들이지 않나?"

"않습니다."

"그럼 영혼은 불사이군."

"불사입니다."

"좋아. 이제 이것은 증명되었다고 말할까? 아니면 어떻게 생각하나?"

"매우 충분히 증명되었습니다, 소크라테스."

"그러면 어떤가, 케베스." 그가 말했습니다. "만일 비-짝인 것
106a 에게 불멸함이 필연적이라면, 셋인 것들이 불멸하지 않을 길이
있을까?"

"어찌 불멸하지 않을 수 있겠습니까?"

"그러면 만일 뜨거워질 수 없는 것 역시 필연적으로 불멸한다
면, 누군가 눈에 뜨거움을 가져갈 때마다 그 눈은 녹지 않은 채
온전히 물러나겠지? 그것은 소멸하지도 않을 것이고, 남아서 뜨
거움을 받아들이지도 않을 테니 말일세."

"맞습니다." 그가 말했습니다.

"마찬가지로 내 생각에 만일 차가워질 수 없는 것이 불멸한다
면, 불에 어떤 차가움이 접근할 때마다 그것은 꺼지거나 소멸하
지 않고 온전하게 떠나 버릴 걸세."

"필연적입니다." 그가 말했습니다.

b   "그러면 불사인 것에 대해서도 필연적으로 이렇게 말해야 하
지 않겠나? 만일 불사적인 것이 불멸하기도 하다면, 영혼의 경

우 죽음이 그것을 공격할 때 소멸할 수는 없네. 영혼은 앞서 말한 것들로부터 볼 때, 죽음을 받아들이지도 죽어 있게 되지도 않을 걸세. 마치 셋인 것들이, 말했던 것처럼, 짝일 수 없고 홀수 역시 그럴 수 없는 것처럼, 그리고 불이 차가울 수 없고 불 안의 뜨거움도 그럴 수 없는 것처럼 말일세. 그런데 누군가가 '하지만 동의된 것처럼 짝이 공격할 때 홀이 짝이 되지는 않는다고 해도, 홀이 소멸하고 그 대신에 짝이 생겨나지 못하란 법이 없지 않습니까?'라고 말한다면, 이렇게 말하는 사람에게 그것은 소멸하지 않는다고 주장할 수는 없네. 비-짝인 것이 불멸하는 건 아니니 말일세. 만약 이것[187]이 우리에게 동의되었었다면, 우리는 짝이 공격해 올 때 홀과 셋인 것들은 떠나가 버린다고 쉽게 주장할 수 있었을 걸세. 그리고 불과 뜨거움과 그 밖의 것들에 대해서도 그렇게 주장할 수 있었을 걸세. 그렇지 않은가?" 그가 말했습니다.

"물론입니다."

"그러면 이제 불사적인 것에 대해서도 만일 그것이 불멸하기까지 한다고 동의된다면, 영혼은 불사인 것에 더해서 불멸이기도 할 걸세. 만일 그렇지 않다면 다른 논변이 필요할 것이고."

"아니 그것을 위해서라면 어떤 논변도 필요하지 않습니다. 왜냐하면 만일 불사적인 것이 영원한 것인데도 소멸을 받아들인다면, 소멸을 받아들이지 않을 것이 거의 없을 테니까요." 그가 말했습니다.

"내 생각에, 최소한 신과 삶의 형상 자체, 그리고 다른 불사하는 것은 무엇이건 결코 소멸하지 않는다고 모두에게 동의될 걸세." 소크라테스가 말했습니다.

"맹세코 그건 분명 모든 사람들에게, 그리고 무엇보다도 신들에게 동의될 거라 저는 생각합니다." 그가 말했습니다.

e   "그렇다면 불사적인 것이 불멸하는 것이기도 하니, 영혼이 불사한다면 불멸하기도 해야겠지?"

"매우 필연적입니다."

"그럼 죽음이 사람을 공격할 때, 보아하니, 그의 가사적인 부분은 죽지만, 불사하는 부분은 소멸하지 않은 채 죽음으로부터 온전히 물러나 떠나가는 것 같군."

"그런 것 같습니다."

107a   "그럼 케베스, 무엇보다도 확실하게 영혼은 불사하고 불멸하며 정말로 우리의 영혼들은 하데스에 있게 되겠군." 그가 말했습니다.

"소크라테스, 저로서는 그 외에는 다른 할 말이 없고, 그 논변들을 어떤 점에서건 의심할 수 없습니다. 하지만 여기 심미아스나 다른 누가 뭔가 할 말이 있다면 침묵하지 않는 게 좋겠습니다. 그런 것들에 대해서 말하거나 듣기를 원한다면 지금 말고 또 다른 어떤 기회로 미룰 수 있을지 모르겠으니까요." 그가 말했습니다.

"아니 저도 그 논변들로부터는 더 이상 어떤 점에서도 의심을 가지고 있지 않습니다." 심미아스가 말했습니다. "그렇지만 그 논변들이 다루고 있는 것들의 중대성 때문에, 그리고 인간적 미 b 약함을 대단찮게 여기기 때문에, 제 입장에서는 논의된 것들에 대해서 여전히 미심쩍음을 지니지 않을 수 없군요."

"그뿐이겠나, 심미아스." 소크라테스가 말했습니다. "그건 잘 한 말일세. 그리고 첫 번째 가정들 역시도, 설사 그것이 자네들 에게 믿을 만한 것들이라 하더라도, 더 명확히 검토되어야만 하 네. 그리고 만일 자네들이 그것들을 충분히 분석한다면, 내 생각 에, 자네들은 그 논변을 인간이 따라갈 수 있는 최대한도까지 따 라갈 것이고, 이것 자체가 명확해지면 자네들은 더 이상 추구하 지 않게 될 걸세."

"맞는 말씀입니다." 그가 말했습니다.

"하지만 이보게들, 다음과 같은 점은 유념하는 것이 옳네. 만 c 약에 영혼이 불사한다면, 그것의 돌봄은 사실 우리가 살아 있음 이라 부르는 것이 있는 그 시간을 위해서뿐만 아니라 모든 시간 을 위해서 필요하네. 그리고 만일 어떤 사람이 그것에 무관심하 기라도 하면, 이제 정말 그 위험은 무서운 일로 여겨질 걸세. 만 일 죽음이 모든 것들로부터의 해방이라면, 나쁜 인간들에게 그 것은 신의 선물이겠지. 그들은 죽을 때 몸으로부터 벗어남과 동 시에 영혼과 함께 자신들의 나쁨으로부터도 해방되는 것이니 말

d 일세. 그런데 이제 영혼이 실은 불사인 것이 분명하니, 그것에게는 최대한 훌륭해지고 현명해지는 것 외에는 나쁜 것들로부터의 어떤 도피나 구원도 없네. 왜냐하면 영혼은 교육과 양육 외에는 어떤 것도 지니지 않은 채 하데스로 가게 되는데, 바로 이것들이 저승으로의 여정의 맨 처음부터 죽은 자를 최대로 이롭게 하거나 해롭게 한다고 이야기되는 것이니 말일세.

이런 이야기가 있네. 각 사람이 죽으면, 그가 살아 있을 때 뽑힌[188] 그의 다이몬[189]이 그를 어떤 장소로 인도하는 일을 맡게 된

e 다고 하네. 그곳에서 모인 사람들은 심판을 받고 하데스로 가야만 하는데, 이것은 이승에 있던 사람을 저승으로 데리고 가도록 지정된 바로 그 안내자와 함께하는 것이네. 그들이 그곳에서 겪어야 할 일들을 겪고 머물러야 할 시간 동안을 머무르고 나면, 또 다른 안내자가 그들을 다시 이승으로 데리고 오는데, 이것은 여러 주기의 긴 시간을 거친 다음에야 이루어지네. 그럼 그 여정은 아이스퀼로스의 텔레포스[190]가 말하는 대로는 아닌 거지. 그

108a 는 단순한 길이 하데스로 이어진다고 말하는데, 내가 보기에 그 길은 단순하지도 하나이지도 않으니 말일세. 왜냐하면 그 경우엔 안내자들도 필요치 않을 것이거든. 길이 하나라면 누구도 그 어딘가에서 길을 잃지는 않을 테니 말일세. 그런데 이제 그것은 많은 갈림길들과 삼거리들을 가지고 있는 것 같단 말이지. 이건 이승에서의 의식들과 관습들[191]을 증거로 삼아 하는 얘길세.

자, 이제 방정하고 현명한 영혼은 안내자를 따르고 자신의 상황
을 모르지 않는 반면, 몸을 욕망하는 상태인 영혼은, 앞서 말했
던 대로,[192] 몸과 보이는 영역 주변에서 오랜 시간 동안 퍼덕거   b
리다가, 여러 번 저항하고 많은 일을 겪은 다음에야 강제로 그
리고 힘겹게 지정된 다이몬들에 의해 이끌려 떠나가게 된다네.
다른 영혼들이 이르게 되는 장소에 이르게 되면, 정화되지 못한
상태이고 다음과 같은 어떤 짓을 저지른 영혼, 즉 정의롭지 못
한 살인에 관여했거나, 그런 부류의 짓들과 그런 부류의 영혼들
에 걸맞은 짓들을 저지른 영혼은, 모두가 그것을 기피하고 외면
하며 아무도 동반자나 안내자가 되려 하지 않기 때문에, 어느 정   c
도 시간이 지나기까지는 어찌할 바를 전혀 모르는 채 홀로 방황
하다가, 이 시간이 지나고 난 후에야 필연에 의해서 그것에 알맞
은 거처로 인도되네. 반면 순수하고 절도 있게 삶을 영위한 영혼
은, 신이 동반자이자 안내자이기 때문에, 각자 자신에게 합당한
장소를 거처로 삼게 되네. 그런데 지구에는 많은 놀라운 장소들
이 있고 그것은 지구에 대해서 이야기하곤 했던 사람들[193]이 생각
하는 그런 종류의 것도 그만한 크기의 것도 아니라네. 이건 내가
누군가에 의해서 믿게 된 바일세."

그러자 심미아스가 말했습니다. "무슨 말씀이신가요, 소크라   d
테스? 지구에 대해서라면 저 자신도 정말 많은 이야기들을 들었
습니다만, 당신이 믿게 된 것들에 대해서는 듣지 못했습니다. 그

러니 그것에 대해 들었으면 싶군요."[194]

"심미아스, 내 생각에 그것들이 무엇인지 이야기하는 데는 글
라우코스의 기술까지 있어야 할 것 같지는 않네.[195] 하지만 그것
이 참임을 보이는 것은, 내가 보기에, 글라우코스의 기술로 할
수 있는 것 이상으로 어려운 일일세. 그건 아마 내가 할 수 있는
일도 아닐뿐더러, 설사 내가 할 줄 안다고 해도, 심미아스, 내 생
e   각엔 나의 생이 그 논변의 길이에 비해 충분치 못한 것 같네. 하
지만 그렇다고 해도 내가 지구의 모습과 그것의 지역들이 어떠
하다고 믿게 되었는가를 이야기하지 못할 건 없겠지."

"아니 그것만으로도 충분합니다." 심미아스가 말했습니다.

"자, 나는 우선 이렇게 믿게 되었다네. 만일 지구가 구형으로
109a 천구 한가운데에 있다면, 그것은 떨어지지 않기 위해서 공기나
그런 종류의 다른 어떤 강제력[196]을 필요로 하지 않고, 천구 자체
가 모든 방향에서 그 자신과 동일성[197]을 가진다는 사실과 지구
자체의 평형상태[198]로 충분하네. 왜냐하면 동일한 어떤 것의 한
가운데에 놓여 있는 평형상태의 것은 어떤 방향으로도 더나 덜 기
울어질 수 없고, 동일한 상태로 기울어지지 않은 채 유지될 테니
말일세. 자 우선 이것이 내가 믿게 된 것일세." 그가 말했습니다.

"그것도 올바르게요." 심미아스가 말했습니다.

"그리고 나아가 나는 이렇게 믿게 되었네. 지구는 거대한 어
b   떤 것으로, 우리는 파시스강[199]으로부터 헤라클레스의 기둥들[200]

에 이르는 작은 일부 지역에, 마치 연못 둘레에서 개미들이 혹은 바다 둘레에서 개구리들이 거주하는 것처럼, 거주하고 있을 뿐이고, 다른 많은 사람들 역시 그러한 다른 많은 지역들에 거주하고 있다고 말일세. 지구 둘레에는 도처에 온갖 모양과 크기의 우묵한 곳들이 많이 있어서, 이곳들로 물과 안개와 공기가 함께 흘러 들어가 있거든. 반면 지구 자체[201]는 순수한 상태로 순수한 천구 안에 위치하는데, 바로 이 안에 별들[202]이 있고, 그런 것들에 관심을 가지는 많은 사람들이[203] 그것을 아이테르[204]라 부르지. 바   c
로 이것의 찌꺼기가 저것들[205]로, 그것들은 항상 땅의 우묵한 곳들로 함께 흘러드는 것이네. 그러니 우리는 그것의 우묵한 곳에 거주하면서도 이것을 알아채지 못하고 지구 위쪽에 살고 있다고 생각하는 것이지. 마치 누군가가 바다 밑바닥 가운데 살면서도 바다 위쪽에 산다고 생각하고, 물을 통해서 태양과 다른 별들을 보면서도 그 바다를 하늘이라고 여기는 것처럼 말일세. 느릿함   d
과 나약함 때문에 결코 해수면에 이른 적도 없고, 바다 위로 떠올라 고개를 들고 이 세상이 그가 사는 곳에 비해 얼마나 더 순수하고 아름다운지를 본 적도 없으며, 이 세상을 본 사람으로부터 들은 적도 없이 말일세. 바로 이와 똑같은 처지에 우리도 놓인 걸세. 왜냐하면 우리는 지구의 어떤 우묵한 곳에 살고 있으면서도 그것 위쪽에 살고 있다고 생각하고, 공기를 천구라고 부르는데, 이는 천구인 이것을 통해서 별들이 운행한다고 생각해서

e 거든. 다음과 같은 점은 똑같은 거지. 나약함과 느릿함에 의해서 우리가 공기의 끝을 넘어가지 못한다는 점 말일세. 만일 누군가가 그것의 끝에 이르게 되거나 날개가 달려 날아오른다면, 그는 머리를 들고 바라볼 것이고, 마치 이곳에서 물고기들이 바다로부터 머리를 들어 이곳에 있는 것들을 보듯, 그렇게 저곳에 있는 것들을 바라볼 걸세. 그리고 만일 그의 본성이 바라보는 일을 감당하기에 충분하다면, 그는 그것이 참된 천구이고 참된 빛이며

110a 참된 지구임을 알게 될 걸세. 우리의 이 지구[206]와 돌들과 이 세상의 모든 지역은, 마치 바닷속에 있는 것들이 소금물에 의해서 그렇게 되듯, 부패되고 부식되어 있거든. 바닷속에서는 이야기할 만한 가치가 있는 그 무엇도 자라지 않고, 어떤 것도 말하자면 완전치가 않아서, 어디든 땅이 있는 곳이면 움푹 파인 바위들과 모래와 엄청난 양의 진흙과 진창이 있는데, 이것들은 우리 세계의 아름다운 것들과는 어떤 식으로도 비교할 만한 것이 못 되

b 지. 그런데 저곳[207]의 것들은 우리 세계의 것들과 훨씬 더 큰 차이가 있는 것으로 보일 걸세. 만일 내가 이야기로 말해도[208] 좋다면, 심미아스, 저 천구 아래 지구 위에 있는 것들이 실제로 어떠한지에 대해서 들을 만한 가치가 있을 텐데 말이야."

"물론이지요, 소크라테스. 저희는 그 이야기를 기꺼이 들을 겁니다." 심미아스가 말했습니다.

"그렇다면, 벗이여, 우선 이 지구는 보기에 다음과 같다고 이

야기되네. 위에서 보면 그것은 마치 열두 조각으로 된 가죽 공[209] 처럼 다채롭고 색들로 나뉘어 있는데, 그 색들에 대해서 이 세상의 색들은 마치 화가들이 사용하는 견본 같은 것이네. 저곳에서   c 는 땅 전체가 그런 색들로 이루어져 있고, 그것들은 이곳의 것들보다 훨씬 더 밝고 순수하다네. 그중 일부는 자주색으로 아름다움이 놀라울 정도이고, 일부는 황금색이고, 흰 부분 전체는 백묵이나 눈보다 희다네. 그리고 그 땅은 그 밖의 다른 색들로도 마찬가지로 이루어져 있는데, 그 색들은 우리가 보아 온 것들보다 훨씬 더 다양하고 아름답다네. 이 땅의 우묵한 곳들 자체도, 물과 아이테르로 가득 채워져 있어서, 다른 색들의 다채로움 속에   d 서 빛나면서 어떤 색의 모습을 띠게 되어서, 그것의 모습이 어떤 하나의 연속적인 다채로움으로 나타나게 되네. 이러한 것인 이 땅에서 자라나는 것들, 즉 나무들과 꽃들과 열매들은 그에 비례해서 자라나게 되네. 그리고 산들과 바위들 역시도 똑같은 비율로 매끈함과 투명함과 고운 색들을 포함하고 있네. 이곳에서 귀하게 여겨지는 보석들, 즉 홍옥과 벽옥과 에메랄드와 그러한 모든 것들이 저것들의 부분인데, 저곳에서는 그렇지 않은 것이 없   e 고, 그것들은 이곳의 것들보다 훨씬 더 아름답기까지 하다네. 그 원인은 저곳에서의 돌들이 순수하고, 이곳의 돌들처럼 부식되거나 파괴되지 않기 때문이지. 이곳의 돌들은 함께 흘러 들어온 것들[210]로 인한 부패 작용과 소금물에 의해서 그렇게 되는데, 이것들은 돌들과 흙과 그 밖의 동물들과 식물들에게 추함과 질병들을 가져다준다네. 반면 저곳의 땅은 그 자체가 이 모든 것들,[211] 그리고 거기에다가 금과 은, 그리고 이런 종류의 다른 것들로 장식되어 있네. 그것들은 수도 많고 크며 그 땅의 모든 곳에 있어서, 본성상 드러나 보이고, 그래서 그것을 바라보는 것은 복 받은 관객들의 구경거리지. 그런데 그 위에는 다른 여러 생물들은 물론 인간들이 있어서, 일부는 내륙에서 거주하고, 일부는 우리가 바다 주변에서 거주하듯이, 공기 주변에서 거주하며, 일부는 공기로 둘러싸인, 대륙 근처의 섬들에 살고 있네. 그리고 한마디로 말해서, 물과 바다가 우리에게 쓸모 있는 것처럼, 그곳에서는 공기가 그러하고, 우리에게 공기에 해당하는 것이 그곳에서는 아이테르이네. 그들의 기후는 그들이 무병하고, 이곳에서보다 훨씬 긴 시간을 살며, 시각과 청각과 현명함과 그러한 모든 능력에 있어서 우리들보다 뛰어나도록 그렇게 혼합되어 있는데, 그 차이는 공기가 물에 비해, 그리고 아이테르가 공기에 비해 순수성에 있어서 월등한 것과 똑같은 정도이네. 더구나 그들에게는 신들의 숲과 성소들이 있는데, 이 안에서는 신들이 실제 거주자이며, 신들의 발언들과 예언들과 그들에 대한 직접적 지각과 이와 같은 그들 서로 간의 함께함이 일어나네. 그리고 그들에게는 태양과 달과 별들이 실제 그대로 보이고, 그들의 다른 행복도 이것들에 따른다네."

"지구 전체와 지구 둘레에 있는 것들의 본성은 그러하네. 그런데 그 안에는 그것의 움푹한 부분들을 쭉 둘러서 많은 지역들이 있어서, 그중 어떤 곳들은 우리가 거주하는 곳보다 더 깊고 넓은 반면, 어떤 곳들은 우리 지역보다 더 깊지만 더 작은 틈을 가지   d 고 있고, 어떤 곳들은 우리 지역보다 깊이는 얕지만 더 넓다네. 이 모든 지역들은 지구 아래 도처에서 넓고 좁은 통로들로 서로 연결되어 있고, 출구들 또한 가지고 있어서, 그곳을 통해 많은 물이, 마치 크라테르[212]들 안으로 그러듯, 서로서로에게로 흘러 들어가네. 지구 아래에는 엄청난 크기의 영원히 흐르는 강들도 있는데, 뜨거운 물로 이루어진 것도 있고, 차가운 물로 이루어진 것도 있네. 엄청난 불과 거대한 불의 강들도 있으며, 축축한 진흙 강들도 많은데, 어떤 것은 더 맑고, 어떤 것은, 마치 시켈리아[213]   e 에서 용암에 앞서 흐르는 진흙 강들과 용암 자체처럼, 더 혼탁하다네. 각 지역들은 바로 이것들[214]로, 순환하는 흐름이 그것에 도달할 때마다 채워지게 되는 것이네. 이것들 모두는, 마치 지구 안에 어떤 진동이 있는 것처럼, 위아래로 움직이는데, 이 진동은 다음과 같은 본성으로 인한 것이라네. 지구의 틈들 중에서 어떤 하나가 다른 점에서도 실제로 가장 크고 지구 전체를 관통하고 있다는 점에서도 그러한데,[215] 이것이 바로 호메로스가 다음   112a 과 같이 이야기한 것일세.

아주 멀리, 땅 밑 가장 깊은 심연이 있는 곳으로[216]

이것을 그가 다른 곳에서도,[217] 그리고 다른 많은 시인들도[218] 타르타로스[219]라 불렀지. 이 틈 안으로 모든 강들이 함께 흘러 들어오고 이곳으로부터 다시 흘러 나가는데, 그것들은 각각 그것

b 이 흘러 지나가는 땅과 같은 성질의 것이 된다네. 모든 흐름들이 여기에서부터 흘러 나가고 이리로 흘러 들어오는 원인은 이 물이 바닥도 받침도 가지지 않기 때문이네. 그래서 그것은 위아래로 진동하고 파도치는데, 그것 주변의 공기와 숨도 같은 일을 하네. 이것들은 그 물이 지구의 저쪽으로 몰려갈 때에도 이쪽으로 몰려올 때에도 그것을 따라다니는데, 마치 숨 쉬는 것들의 숨이 항상 내쉬어지고 들이마셔지는 것처럼, 그 물과 함께 진동하는 기류[220]는 저곳에서도 들고 나면서 무시무시하고 엄청난 바람들을 일으키거든. 이제 그 물이 소위 아래쪽이라 불리는 지역으

c 로 물러갈 때는, 그것은 저 흐름들을 따라서 지구를 관통해 저곳의 것들로 흘러들어서는, 마치 물을 대듯이,[221] 그것들을 채운다네. 그리고 그것이 저곳을 떠나 이곳으로 몰려올 때에는 다시 이곳의 흐름들을 채우는데, 채워진 흐름들은 수로들과 땅을 관통해 흐르다가, 그 각각이 가게 될 지역에 이르면 바다들과 호수들과 강들과 샘들을 이룬다네. 그것들은 여기에서 다시 지하로 떨

d 어져서, 어떤 것들은 더 멀고 많은 지역들을 돌고, 어떤 것들은

더 적고 가까운 지역들을 돌아서, 다시 타르타로스 안으로 쏟아지는데, 어떤 것들은 그것이 분출했던 곳보다도 훨씬 더 아래쪽으로, 어떤 것들은 약간만 아래쪽으로 쏟아지네. 하지만 모두가 그것이 흘러나온 곳보다는 더 낮은 곳으로 흘러 들어가는데, 몇몇은 쏟아져 나온 곳 맞은편으로, 몇몇은 그것과 같은 지역을 따라서 쏟아지네. 완전히 원형으로 도는 것들도 있는데, 어떤 것들은 한 번, 어떤 것들은 마치 뱀들처럼 지구 주위를 여러 바퀴까지 돌고, 가능한 한 아래로 내려가서 다시 쏟아지네. 어느 쪽이든 가운데까지 내려가는 것은 가능하지만, 그 이상은 불가능하네. 그 양쪽의 흐름들에게 반대쪽 방향의 부분은 오르막이 되기 때문이지."

e

"사실 그 밖에도 여러 개의 크고 다양한 흐름들이 있긴 하지만, 이 많은 것들 중에서도 네 개의 흐름들이 있어서, 그중 가장 크고 가장 바깥쪽으로 원을 그리며 도는 것이 소위 오케아노스[222]이고, 이 맞은 편에서 반대로 흐르는 것이 아케론[223]이네. 이것은 여러 사막 지역들을 관통해 흐르고, 특히 땅 밑으로 흐르다가 아케루시아스[224] 호수에 이르는데, 이곳에 많은 죽은 자들의 영혼들이 이르러서, 할당된 시간 동안, 어떤 이들은 더 길게 어떤 이들은 더 짧게, 머물다가 동물들로의 태어남[225]을 위해 다시 내보내진다네. 세 번째 강은 이 둘 가운데에서 흘러나와서, 그 출구 부분에서 불길로 가득한 거대한 지역으로 떨어져서는, 우리의

113a

바다보다도 더 큰 호수를 형성하는데, 이것은 물과 진흙으로 끓

b   어오르고 있네. 이곳으로부터 그것은 원을 이루며 혼탁하고 질
펄한 상태로 나아가서는, 땅을 휘돌아 여러 지역들, 그중에서도
아케루시아스 호수의 가장자리에 이르지만, 그 물과는 섞이지
않네. 그것은 여러 번 땅 아래에서 순환한 다음, 더 아래쪽 타르
타로스로 흘러 들어가지. 이것이 사람들이 퓌리플레게톤[226]이라
부르는 것인데, 이것의 용암의 흐름들이 어디에서든 땅과 만나
면 파편들을 분출하는 것이네. 이것의 건너편에서 이번에는 네
번째의 강이 흘러나와서, 우선 무시무시하고 험한 지역, 이야기
에 따르면 온통 청회색[227]을 띠는 지역으로 흘러 들어가는데, 바

c   로 이곳이 사람들이 스튀기오스[228]라 부르는 곳이고, 그 강이 흘
러들어 만든 호수가 스튁스[229]이네. 그 강물이 이곳으로 쏟아져
들어가 그 물에서 무시무시한 힘들을 얻게 되면, 그것은 땅 밑으
로 스며들어 가 퓌리플레게톤과 반대 방향으로 휘돌아 나아가서
는, 반대쪽에서 아케루시아스 호수를 만나게 되네. 이것의 물 역
시 어떤 것과도 섞이지 않고, 이것 역시 원을 이루며 돌아가서는
퓌리플레게톤 반대쪽에서 타르타로스로 흘러 들어가네. 이것의
이름은, 시인들 이야기로는, 코퀴토스[230]이네."

d   "이것들의 본성은 이런 식이네. 이제 죽은 자들이 각각의 다이
몬이 인도하는 장소에 이르게 되면 그들은 우선 심판에 처해지
는데, 그건 훌륭하고 경건하게 산 사람도 그렇지 못한 사람도 마

찬가지이네. 그리고 중간 정도로 살았다고 생각되는 자들은 아
케론으로 향하는데, 그들은 그들을 위해 준비된 배에 올라 이것
을 타고 그 호수에 이르게 되지. 그리고 누군가가 뭔가 잘못을
저질렀다면, 그는 그곳에 머물면서 자신의 잘못들에 대한 벌을
받고 정화가 되고 나서야 풀려나게 되네. 그리고 선행들에 대해   e
서는 각자 정당한 몫에 따라 상들을 받게 되네. 반면 그 과오들
의 크기 때문에 치유가 불가능하다고 생각되는 자들, 즉 여러 번
의 심각한 신전 약탈이나, 여러 번의 부정의하고 불법적인 살인
을 저질렀거나, 이런 종류의 다른 짓들을 저지른 자들의 경우,
마땅한 운명이 그들을 타르타로스로 던져 버리고, 그들은 그곳
으로부터 결코 빠져나오지 못하네. 반면 치유 가능하지만 중대
한 과오를 저질렀다고 생각되는 자들, 예를 들어 화가 나서 아버
지와 어머니에게 어떤 폭행을 가했지만 뒤에 뉘우치며 다른 삶   114a
을 산 자들이나, 그러한 다른 어떤 방식으로 살인을 저지른 자들
은 타르타로스로 떨어져야 하기는 하지만, 그곳에 떨어지고 나
서 일 년이 되면, 큰 파도가 그들을 내던지는데, 살인자들은 코
퀴토스를 따라서, 부친 폭행자들과 모친 폭행자들은 퓌리플레케
톤을 따라서 그렇게 한다네. 그들이 실려 와 아케론 호수 맞은편
에 이르면, 그들 중 일부는 자신이 살해한 사람들을, 일부는 자
신이 폭행한 사람들을 소리 질러 부르지. 그들을 부르고 나서는,
자신들을 호수 안으로 빠져나올 수 있도록 허용해 주고 받아들

b   여 주기를 기원하고 간청한다네. 그리고 만일 설득을 하게 되면 그들은 빠져나와 나쁜 것들로부터 벗어나게 되지만, 그렇지 못하면 다시 타르타로스로 실려 가서 그곳으로부터 다시 그 강들로 들어가게 되네. 그리고 이런 일을 겪는 것은 그들이 해 끼친 자들을 설득하기 전에는 끝나지 않네. 이 벌은 심판자들에 의해서 그들에게 부과된 것이기 때문이지. 반면 경건함에 있어서 남다르게 살았다고 생각되는 자들의 경우, 이들이 지구의 이쪽 지

c   역들로부터, 마치 감옥으로부터 그러하듯, 자유롭게 되고 해방된 사람들이고, 위쪽의 순수한 거처에 이르러 지구 위에 거처하게 되는 사람들이네. 그런데 이들 중에서도 철학에 의해서 충분히 정화된 사람들은 앞으로 올 모든 시간 동안 몸 없이 살게 되며, 저들[231]의 것들보다 훨씬 더 아름다운 거처들에 도달하게 되는데, 이것들은 설명하기도 쉽지 않고 지금은 그럴 시간도 충분치 않군. 하지만 바로 우리가 설명한 것들을 위해서, 심미아스, 우리는 삶 속에서 덕과 현명함을 나눠 갖도록 모든 일을 해야만 하네. 그 보상은 고귀하고 그 희망은 크니 말일세."

d   "자, 이것들이 내가 설명한 그대로라고 단정적으로 말하는 것은 지성을 가진 사람에겐 적절치 않은 일이네. 그럼에도 불구하고 그것들 혹은 그러한 어떤 것들이 우리의 영혼과 그 거처들과 관련해 참이라고 믿는 것은, 영혼이 불사함은 분명해 보이는 만큼, 그렇게 믿는 이에게 적절하고 위험을 감수할 만한 일이라

148

고 나는 생각하네. 그 위험은 고귀한 것이니 말일세. 그리고 그런 것들은 마치 스스로에게 주문을 외듯 행해야만 하는 것이고, 바로 그래서 내가 그 이야기를 아까부터 길게 끌어오고 있는 걸세. 바로 이런 이유들 때문에 다음과 같은 사람은 누구든 자신의 ᵉ 영혼에 대해서 확신을 가져야만 하네. 그의 삶 속에서 몸과 관련된 다른 즐거움들이나 장식들로부터는, 그것들이 이질적인 것들이고, 이롭게 하기보다는 해롭게 하는 것들이라는 생각으로 작별을 고하되, 배움과 관련된 즐거움들에는 열성을 다하면서, 영혼을 그것에 이질적인 것이 아닌 그것 자체의 장식,[232] 즉 절제와 115a 정의와 용기와 자유와 진리로 장식하고서는, 언제든 운명이 부르면 떠날 생각으로, 그렇게 하데스로의 여행을 기다리는 사람이라면 말일세. 자, 심미아스 그리고 케베스, 자네들과 다른 사람들은 언젠가 각자 그 길을 떠나게 되겠지. 하지만 지금은, 이건 비극에서의 등장인물이 함 직한 말이긴 하네만, 운명이 나를 부르고 있네. 그리고 내가 욕실로 향해야 할 시간인 듯하군. 목욕을 하고 약을 마셔서, 여인들에게 시체를 씻기는 수고를 끼치지 않는 편이 더 나을 것 같으니 말일세." 그가 말했습니다.

그가 이렇게 말하자 크리톤이 말했습니다. "알겠네, 소크라테 ᵇ 스. 자네 자식이나 그 밖의 일들에 관해서 이 사람들이나 나에게 뭔가 일러 줄 것은 없나? 뭐든 우리가 그걸 해서 자네를 가장 기쁘게 할 일 말일세."

"내가 늘 말하던 바로 그 일이네, 크리톤. 더 새로운 뭔가가 아니고. 자네들이 자네들 스스로를 돌본다면, 설사 지금 내게 약속을 하지 않더라도, 무엇을 하건 나와 나의 가족과 자네들 자신들을 위해서 기쁜 일을 하게 될 것이네. 하지만 만일 자네들이 스스로를 돌보지 않고, 마치 발자국을 따라가듯[233] 지금 그리고 앞서 말한 바대로 살려 하지 않는다면, 설령 지금 당장 몇 번이고 굳게 약속을 한들, 그 이상 아무 일도 하지 않는 것이 될 걸세."

"그렇다면 그렇게 하도록 애쓰겠네. 자네를 매장하는 건 어떤 식으로 할까?" 그가 물었습니다.

"자네들 하고 싶은 대로 하게나. 나를 붙잡아서 내가 자네들로부터 벗어나지 못하게 할 수 있기라도 하다면 말이야." 그러면서 그는 조용히 웃었고 우리를 바라보며 말했습니다. "이보게들, 내가 크리톤을 설득시키지 못하고 있군. 지금 대화를 나누고 있고, 이야기된 것들 각각을 정리하고 있는 이 소크라테스가 나라는 점을 말일세. 한데 그는 조금 뒤에 시체로서 보게 될 저 사람이 나라고 생각하고는, 과연 어떻게 나를 묻을 것인가를 묻고 있네. 내가 아까부터 길게 이야기했던 것, 그러니까 내가 약을 마시고 나면 자네들 곁에 더 이상 머물지 않고 저 멀리 복된 자들의 행복한 세상으로 떠나가게 될 거라는 것이, 내 생각에, 그에겐 자네들과 나 자신을 동시에 북돋우려는 공연한 이야기에 불과했던 거지. 그러니 자네들이 크리톤에게 내 보증을 서 주게나." 그

150

가 말했습니다. "여기 이 사람이 재판관들에게 섰던 것[234]과는 반대되는 보증을 말일세. 이 사람은 내가 정말로 머물 거라는 데에 그랬지만, 자네들은 내가 죽고 나면 머무는 것이 아니라 떠나 e 가리라는 것을 보증해 주게. 크리톤이 견디기 용이하도록, 그리고 그가 내 몸이 태워지거나 매장되는 것을 보고 내가 끔찍한 일을 당하는 것이 아닌가 하고 언짢아하지도 않고, 장례식에서 그가 소크라테스를 앞에 눕혀 놓았다느니, 운구하고 있다느니, 매장하고 있다느니 말하는 일도 없도록 말일세. 명심하게, 크리톤. 제대로 말하지 못하는 것은 그 자체로도 잘못일 뿐 아니라 영혼들에 나쁜 영향을 미치기도 한다는 걸 말일세. 오히려 자네는 확신을 가져야만 하네. 그리고 나의 몸을 매장한다고 말하고, 자네보기에 좋고 가장 관습에 맞는다고 생각되는 방식으로 매장해야만 하네."

이렇게 이야기하고 그는 일어서서 목욕을 하기 위해 어떤 방 116a 으로 들어갔습니다. 그러자 크리톤은 그를 따라가면서 우리에게 기다리라고 지시했습니다. 그래서 우리는 이야기된 것들을 서로 논의하고 재검토하면서 기다리고 있었지요. 그때 얼마만한 불행이 우리에게 닥친 것인가에 이야기가 미쳤는데, 우리가 영락없이 아버지를 여의고 남은 인생을 살게 된 고아들 꼴이라는 생각이 들었습니다. 그가 목욕을 하고 나자 그의 자식들이—그에게는 어린 아들 둘과 장성한 아들 하나가 있었습니다—그의 곁으 b

로 이끌려 왔습니다. 그리고 그의 집안의 여인들이 왔는데, 그는 크리톤 앞에서 그들과 이야기를 나누고 그가 원하는 것들을 일러 주었습니다. 그는 그 여인들과 자식들에게는 떠날 것을 명하고, 그 자신은 우리 곁으로 왔습니다. 어느덧 해 질 녘이 가까워졌습니다. 그는 오랜 시간을 안에서 보냈던 겁니다. 그는 목욕을 한 상태로 와서 앉았고, 그 후로는 그다지 많은 이야기를 나누지 않으셨습니다. 그러자 11인회의 관리가 와서 그의 곁에 선 채 말했습니다. "소크라테스, 제가 다른 사람들을 꾸짖는 바로 그 일로 당신을 꾸짖게 되지는 않겠지요. 다른 사람들은 집정관들의 지시로 제가 그들에게 약을 마실 것을 명할 때면 저에게 화를 내고 저주를 퍼붓지요. 하지만 당신은 여기에 왔던 사람들 중 가장 고결하고 가장 온화하며 가장 훌륭한 분이라는 것을 제가 이 기간 동안 다른 식으로도 알고 있었고, 더구나 지금은 탓해야 할 사람들을 알고 계실 테니, 제가 아닌 저들에게 화를 내시리라는 걸 잘 알고 있습니다. 자, 이제 제가 무엇을 전하려고 왔는지 아시겠지요. 안녕히 가십시오. 그리고 피할 수 없는 일은 최대한 편안한 마음으로 견디려 해 보십시오." 그리고 그러면서 그는 눈물을 흘리며 돌아서서 가 버렸습니다.

그러자 소크라테스가 그를 바라보며 말했습니다. "자네도 잘 있게. 그리고 우리는 그렇게 하도록 하겠네." 그러면서 그는 우리를 향해서 말했습니다. "얼마나 예절 바른 사람인지! 그동안에

도 줄곧 내게 와서 가끔씩 이야기를 나누기도 했었는데, 최상의
인간이었네. 그리고 지금은 또 얼마나 진심으로 나를 위해 눈물
을 흘리고 있는가! 자, 크리톤, 이제 그의 지시를 따르도록 하세.
약이 찧어졌으면 누가 그걸 가져오게 하게. 그렇지 않다면, 그
사람에게 찧도록 하고."

그러자 크리톤이 말했습니다. "아니, 내 생각에, 소크라테스,   e
해는 아직 산등성이에 있고 아직 지질 않았네. 더구나 내가 알기
로는 다른 사람들은 그들에게 명령이 내려지고 난 훨씬 후에야
그걸 마시네. 폭식과 폭음에 심지어 어떤 사람들은 욕정을 느끼
는 상대와 성교까지 하면서 말일세. 아니, 서둘지 말게. 아직 시
간이 있으니."

그러자 소크라테스가 말했습니다. "자네가 말하는 사람들이야
그 짓들을 하는 게 당연하지만—그들은 그렇게 함으로써 이득을
얻는다고 생각하니까—나의 경우는 그러지 않는 게 당연하지.   117a
조금 후에 마신다고 한들, 나 자신에게 비웃음을 자초하는 것 외
에 아무런 이득도 얻지 못할 것이라고 나는 생각하니까. 삶에 집
착하고, 더 이상 아무것도 안 남았는데도 아낀다면[235] 말일세. 그
러니 가게. 내 말대로 하고, 딴짓은 하지 말게."

그러자 크리톤은 이 말을 듣고 근처에 서 있던 소년에게 고갯
짓을 했습니다. 그러자 그 소년은 나가서 오랜 시간이 지난 후에
약을 주게 될 사람을 데리고 왔는데, 그는 찧어 놓은 것을 잔 안

에 가지고 왔습니다. 소크라테스는 그를 보더니 말했습니다. "좋아. 이보게, 자네는 이 일에 정통하니, 뭘 해야 하나?"

b "그저 마시시고 다리에 묵직함을 느끼실 때까지 주변을 거니시면 됩니다. 그러고 나서는 누우시면 됩니다. 그러면 그것이 스스로 작용을 할 겁니다." 그가 말했습니다. 그리고 동시에 그는 잔을 소크라테스에게 내밀었습니다.

그러자 그는 잔을 잡고는 아주 흔쾌하게, 에케크라테스, 어떠한 떨림도, 안색이나 표정의 변화도 없이, 늘 하시던 대로 마치 황소처럼 그 사람을 쳐다보면서 말했습니다. "이 정도 마실 것에서 신에게 바칠 술을 약간 따르는 건 어떻겠나? 가능하겠나, 그렇지 않은가?"

"소크라테스, 저희는 마시기에 적당하다고 생각되는 정도만을 찧습니다." 그가 말했습니다.

c "알겠네. 그래도 이승에서 저승으로의 이주에 행운이 따르도록 신들께 기원할 수는 있을 것이고, 또 그래야만 하겠지. 바로 이것을 나도 기원하네. 그렇게 되기를." 이 말과 동시에 그는 그것을 입에 대고는 아주 침착하고 편안하게 비웠습니다. 그때까지는 우리들 중 대부분이 눈물을 흘리지 않도록 어느 정도 자제할 수 있었습니다. 하지만 그가 그것을 마시고 있는, 그리고 다 마신 것을 보자 우리는 더 이상 그럴 수가 없었습니다. 저는 어찌할 수 없이 눈물이 쏟아져서 얼굴을 감싸 쥐고 소리 내어 울었

습니다. 그를 위해서가 아니라 그와 같은 벗을 잃게 된 저 자신의 불운 때문에 말입니다. 크리톤은 저보다 훨씬 먼저, 눈물을 d
억제할 수가 없었기 때문에 일어나 나가 버렸습니다. 아폴로도로스는 그 전에도 눈물을 그치지 않고 있었지만, 특히 그때는 슬픔과 괴로움으로 울부짖어서, 함께 있던 사람들 중 가슴을 무너지게 하지 않은 사람이 없었습니다. 소크라테스 본인을 제외하고는요.

그가 말했습니다. "무슨 짓들인가, 이 놀랄 사람들아. 바로 이래서 내가 여자들을 내보낸 거라니까. 이런 소란을 피우지 말라고 말일세. 그리고 나는 엄숙하게 죽음을 맞아야 한다고 들었네. e
자, 조용히 하고 참아 내게."

그러자 우리는 그 이야기를 듣고 부끄러워져 눈물을 그쳤습니다. 그는 이리저리 거니시더니 다리들이 무겁다고 말하고는 등을 대고 누우셨습니다.—이렇게 하도록 그 사람이 지시했거든요.—그러자 그에게 약을 준 사람이 그를 잡고 얼마 동안 발과 다리를 살폈고, 그러고 나서는 그의 발을 꽉 누르며 느낄 수 있는지를 물었습니다. 그는 느낄 수 없다고 말했습니다. 그리고 다 118a
음으로는 다시 정강이를 누르더군요. 그리고 이렇게 위로 올라가면서 우리에게 그가 차가워지면서 굳어 가고 있음을 보여 주었습니다. 그리고 그를 만지면서 그것이 심장에 이르면 그땐 떠나시게 될 것이라고 말했습니다.

어느덧 그의 배 주위가 차가워져 있었습니다. 그러자 그는 얼굴을 덮은 것을 벗기며—그것은 덮여 있었거든요—말했습니다. 바로 이것이 그가 마지막으로 한 말이었습니다. "크리톤, 우리는 아스클레피오스[236]에게 닭 한 마리를 빚지고 있네. 부디 갚아 주게. 잊지 말고."

"그렇게 하지." 크리톤이 말했습니다. "그 밖에 다른 할 말이 있나 보게."

이렇게 물었지만 그는 더 이상 아무런 대답을 하지 않았습니다. 그리고 얼마 지나지 않아 그는 몸을 떨었습니다. 그러자 저 사람이 그를 덮었던 것을 벗겼고, 그의 두 눈은 멈추어 있었습니다. 그것을 보고 크리톤이 입을 다물어 드렸고 눈을 감겨 드렸습니다.

"이것이 우리 벗의 최후였습니다, 에케크라테스. 우리는 말할 겁니다. 그는 당시 우리가 겪었던 사람들 중 가장 훌륭하고, 무엇보다도, 가장 현명하며 가장 정의로웠노라고."

주석

1 약(pharmakon) : 'pharmakon'은 독약과 치료약 모두를 의미할 수 있다. 문맥상 이 단어가 일차적으로 독약을 의미함은 분명하지만, 『파이돈』 전체를 통해 강조되고 있는 것, 즉 죽음이 육체로부터 영혼의 해방이라는 점을 고려하면, 보다 나은 상태로 만들어 주는 것으로서의 긍정적인 의미 역시 중의적으로 가진다고 해석하는 것도 가능하다.

2 플레이우스 : 펠로폰네소스반도 북쪽의 작은 도시 국가. 파이돈의 고향인 엘리스와 아테네의 중간 지점에 위치하고 있기 때문에, 그가 플레이우스에 들른 것이 자연스러워진다. 플레이우스는 정치적으로 스파르타의 영향권 안에 있었기 때문에 펠로폰네소스전쟁 이후 아테네와 소원한 관계에 있었던 것으로 보인다.

3 델로스 : 퀴클라데스 제도의 작은 섬들 중의 하나. 레토가 아폴론과 아르테미스를 낳은 곳으로 유명하다. 이 세 신들에 대한 숭배가 시작된 것은 기원전 8세기경 이오니아인들에 의해서였던 것으로 보인다. 델로스는 페르시아전쟁에서 피해를 입지 않았고, 이후 델로스 동맹의 회의 장소이자 금고 보관소가 된다.

4 예전에 테세우스가 … 자신도 살렸던 : 크레타의 왕 미노스는 자신의 아들

안드로게오스의 죽음의 대가로 아테네에 9년에 한 번씩 청년과 처녀 각 7명씩을 공물로 바칠 것을 요구한다. 테세우스는 이 일원으로 크레타로 가기를 자청했고, 미노스의 딸 아리아드네의 도움을 받아, 미궁 속에 살고 있던 괴물 미노타우로스를 죽인 후 일행을 구해 냈다.

5 **아폴로도로스** : 소크라테스의 열광적인 추종자.『향연』의 전체 이야기를 들려주는 화자로 등장하며, 그곳에서 "미친 자"(manikos)—혹은 다른 텍스트 독해에 따르면 "부드러운 자"(malakos)—로 불리고 있는(173d) 것으로 보아, 매우 열정적인—혹은 동성애적인 맥락에서 여성적인—인물이었던 것으로 보인다. 아폴로도로스의 감정적인 성격은『파이돈』 117d에서 생생하게 묘사되고 있다.

6 **크리토불로스** : 크리톤의 아들.『변명』 33d~e에서 크리톤과 함께 소크라테스의 재판 현장에도 있었음을 알 수 있다.

7 **그의 아버지** : 크리톤은 소크라테스의 오랜 벗이다. 그는 그의 이름을 딴 대화편『크리톤』에서는 소크라테스에게 탈옥을 권유하는 모습으로,『변명』에서는 소크라테스의 방면을 위해 많은 벌금을 대신 낼 용의가 있는 모습으로 그려진다.

8 **헤르모게네스** : 히포니코스의 아들이자 칼리아스와 형제간이다.

9 **에피게네스** : 케파시아 데모스의 안티폰의 아들. 소크라테스의 재판에도 참석했다고 한다.(『변명』 33e)

10 **아이스키네스** : 소크라테스의 열렬한 추종자 중의 하나였고, 에피게네스와 마찬가지로 소크라테스의 재판에도 역시 참석했다.(『변명』 33e) 여러 편의 소크라테스 대화편을 썼다고 전해지지만, 현재는 극히 일부의 단편이 남아 있을 뿐이다.

11 **안티스테네스** : 소크라테스의 추종자 중의 하나로, 소위 견유학파(hoi kynikoi)를 창시한 인물로 알려져 있다.

12 **크테시포스** : 소크라테스의 젊은 추종자들 중의 하나.『뤼시스』와『에우튀데모스』에 등장한다.

13 **메넥세노스** : 크테시포스의 사촌.『뤼시스』에 등장하며, 플라톤의『메넥

세노스』는 그의 이름을 딴 대화편이다.

14 플라톤은, 제 생각에, 병이 났었습니다 : 플라톤 대화편 전체를 통틀어 플
라톤 자신의 이름이 등장하는 것은 이 구절과 『변명』 34a, 38b뿐이다.
플라톤이 병 때문에 소크라테스의 죽음의 현장에 없었다는 것은 단순
한 사실의 보고일 수도 있다. 하지만 그것을 일종의 문학적 장치, 즉
『파이돈』에서 그려지고 있는 것들과 그 현장에서 실제로 일어났던 일
사이의 거리를 확보하기 위한 수단으로 해석할 수도 있다.

15 파이돈데스 : 소크라테스의 젊은 추종자들 중의 하나로만 알려져 있다.

16 에우클레이데스 : 훗날 소위 메가라학파를 창시한 인물로 유명하다.

17 테르프시온 : 『테아이테토스』에 잠시 등장하는 것을 제외하고는 달리 알
려진 바가 없는 인물이다.

18 아리스티포스 : 퀴레네 출신. 소위 퀴레네학파의 창시자로 간주되기도
하지만, 그 창시자는 그가 아닌 동명의 그의 손자라는 견해도 있다.

19 클레옴브로토스 : 달리 알려진 바가 없는 인물이다. 단, 칼리마코스의
시구 중에 암브라키아 출신의 클레옴브로토스가 『파이돈』을 읽고 스스
로 바다에 몸을 던졌다는 내용이 있었다고 한다.

20 아이기나 : 아테네 남서쪽에 위치한 섬. 아테네로부터 불과 27km 정도
밖에 떨어져 있지 않은 섬이기 때문에, 이 구절은 두 사람에 대한 플라
톤의 우회적인 비난을 담고 있다고 해석되기도 한다. 하지만 델로스로
부터 배가 도착했다는 사실은 다른 사람들도 하루 전에야 알게 된 것이
었음을 고려하면, 단지 그 둘에게 그 소식이 신속히 전해지지 않았던
것이었을 수도 있다.

21 11인회(hoi hendeka) : 감옥 관리와 사형 집행 등 법정 판결 이후의 절차
들을 관장하는 위원회.

22 크산티페 : 크산티페는 악처의 대명사로 널리 알려져 있다. 하지만 사
실 플라톤의 작품들 속에서 그렇게 묘사된 곳은 발견되지 않는다. 크세
노폰의 『회고』에는 소크라테스의 아들 람프로클레스가 크산티페에 대
해서 "누구도 어머니의 거친 성격(chalepotēs)을 견뎌 낼 수 없을 겁니

다."라고 말하는 대목이 나온다.(II. 2. 7.) 또 크세노폰의 『향연』에서는 안티스테네스가 크산티페를 현재뿐만 아니라 과거와 미래를 통틀어 가장 힘든(chalepōtatē) 여인으로 묘사하고 있다.(2. 10.)

23 아이소포스 : 우화 작가. 우리에겐 '이솝'이라는 영어식 이름으로 더 잘 알려져 있다. 헤로도토스에 따르면, 그는 사모스 사람 이아드몬의 노예였으며(『역사』 II. 134.) 플루타르코스에 따르면, 그는 뤼디아의 왕 크로이소스의 외교사절로 델포이로 왔다가 델포이인들의 분노를 사게 되었고 결국 벼랑에서 던져져 죽음을 맞이했다고 한다. 그가 과연 실존 인물이었는지, 그리고 그의 우화로 알려진 작품들이 과연 그 이름으로 불린 한 명의 개인에 의해 써진 것인지는 논란거리이다.

24 에우에노스 : 파로스 출신의 시인이자 소피스트. 현재는 그가 쓴 시들의 일부 단편들만이 전해지고 있다.

25 맞수(antitechnos) : 직역하면, 경쟁적 관계에 있는(anti) 전문가(technos).

26 그 신 : 아폴론.

27 시인은 … 안 되는데 : 플라톤은 종종 이야기(mythos)와 논설(logos)을 대비시킨다. 이 경우 전자가 단지 그럴 법할 뿐인 허구적 이야기를 의미하는 반면, 후자는 객관적 사태에 대한 참된 설명이나 합리적 논증을 의미한다.(『티마이오스』 26e 참조)

28 지혜를 사랑하는 자(philosophos) : 이하에서 'philosophos'는 문맥상의 자연스러움에 따라 '철학자' 혹은 '지혜를 사랑하는 자'로 번역될 것이다.

29 그 일 : 지혜의 추구.

30 필롤라오스 : 기원전 5세기의 피타고라스주의자. 피타고라스학파의 일원 중 최초로 저작을 남긴 사람으로 알려져 있다. 남아 있는 단편들을 근거로 판단할 때, 그의 저작들은 아리스토텔레스가 피타고라스학파에 대해 논할 때 일차적으로 의존한 자료였던 것으로 보이며, 이 저작들은 플라톤의 『필레보스』의 내용에도 영향을 준 것으로 보인다. 그는 우주의 구성 원리로 한정되지 않은 것들뿐만 아니라 그것들을 한정 짓는 것들도 포함시켰고, 이 요소들이 일종의 수학적인 조화를 이루고 있다고

주장했다. 그는 지구가 행성임을 주장한 최초의 인물이기도 했다.

31 그것(touto) : 여기에서 'touto'가 지시하는 것이 무엇인지, 그리고 극도
로 난삽한 62a2~7의 전체 문장을 어떻게 해석해야 하는가는 논란거리
이다. 문장의 흐름상 가장 자연스러운 것은 'touto'를 바로 앞에서 논의
된 자살 금지를 가리키는 것으로 보는 것인데, 이렇게 해석하면 소크라
테스의 말의 전체적 취지는 자살이 어떤 경우에도 금지된다는 점을 케
베스가 곧바로 받아들이지 못할 것이라는 것이 된다. 하지만 이 해석에
대해서는 여러 이견들이 있다. 다양한 해석들에 관해서는 Gallop(1975,
79~85)을 참고할 것.

32 기러니까요(ittō Zeus) : 'ittō'는 케베스의 고향인 테바이에서 사용되는 보
이오티아 사투리이다. 이에 상응하는 아티카 지역 표현은 'istō'이다.

33 감옥(phroura) : 'phroura'는 '감시'를 의미할 수도, '감옥'을 의미할 수도
있다.

34 즉 우리 인간들은 … 안 된다는 말 : 이 생각은 피타고라스학파로부터 유
래한 것으로 보인다.

35 신들은 우리를 돌보는 자들이고 : 신들이 인간의 보호자라는 생각은 플라
톤의 다른 대화편들, 예를 들어 『법률』 906a6나 『정치가』 902b8 등에서
도 발견된다.

36 추적한다니까(anereunai) : 사냥감을 추적하는 비유를 사용하고 있다.

37 논변을 당기고(teinein ton logon) : 표적을 향해 활을 겨냥하고 있는 비유
를 사용하고 있다.

38 그렇게 : 그가 방금 이야기한 기대를 가지고 있지 않았다면 그러했을
만큼.

39 저희 고장 사람들도 : 보이오티아인들은 다른 지역 사람들에 비해 어리
석고 둔하다는 평판을 들었다고 한다.

40 죽은 목숨이고(thanathōsi) : 'thanathōsi'는 '죽은 것이나 다름없다'와 '죽
기를 원한다', 양자를 모두 의미할 수 있다. 왜 철학자들이 죽은 것이나
다름없다고 대중들이 생각하는가에 관해서는 65a에서 설명되고 있다.

41 그것들 : 시각과 청각.

42 있는 것들(ta onta) : 'ta onta'는 객관적으로 존재하는 것들 혹은 존립하는 사태 일반을 지칭하는 표현이다. 문법적으로 이 표현은 중성 복수 주격 관사인 'ta'와 영어의 'being'에 해당하는 그리스어 'on'의 중성 복수 주격 형태인 'onta'의 결합물이다.

43 있는 것(to on) : 바로 위에서 언급된 'ta onta'의 단수 형태이다.

44 그 자체로 : 플라톤의 유명한 이데아들이 도입되고 있다. 플라톤은 종종 '이데아(idea)' 대신 '형상(eidos)'이라는 표현을 사용하기도 하고, 이 구절이 보여 주듯이 'X자체'라는 표현을 사용하기도 한다. 실제로『파이돈』에서 'idea'와 'eidos'가 이러한 전문적인 의미로 사용되는 것은 각각 104b9와 102b1에 이르러서이다.

45 존재(ousia) : 'ousia'는 영어의 'be'동사에 해당하는 그리스어의 'einai'동사의 여성 분사형 'ousa'에서 파생된 명사이다. 'ousia'는 훗날 아리스토텔레스 존재론의 핵심 개념으로 사용되는데, 그 맥락에서는 통상 '실체'로 번역된다.

46 각각의 것이 그것인 바(ho tynchanei hekaston on) : 각각의 X에 대해서, 그 것을 X이게—being X—만들어 주는 것, 예를 들어 아름다움을 아름다움이게, 좋음을 좋음이게, 정의로움을 정의로움이게 만들어 주는 바로 그것을 가리키는 표현이다. 이것은 달리 표현하면 각 X의 ousia가 된다.

47 추적하려(thēreuein) : 사냥감을 추적하는 비유를 사용하고 있다.

48 이것 : 몸.

49 그러한 : 순수한 상태로 있는.

50 인간 연인들(anthropina paidika) : 사랑의 대상이 사람인 경우를 한정해서 지칭하는 표현이다. 여기서는 현명함에 대한 사랑과 대비되어 사용되고 있다. 이와 유사하게『고르기아스』482a에서 소크라테스는 "철학, 나의 사랑"(philosphian, ta ema phaidika)이라는 표현을 사용하고 있다.

51 "그러면 … 그러는 것이 아닌가?" : 평판이나 명성을 잃을 것이 두려워 차라리 죽음을 택하는 상황을 염두에 두고 있는 것으로 보인다.

52 그림자 그림(skiagraphia) : 명암의 차이를 이용해 대상의 입체감을 표현하는 기법으로 그려진 그림을 가리킨다. 이 기법은 기원전 5세기에 아폴로도로스에 의해 도입되었다고 전해지며, 이 덕분에 아폴로도로스는 'skiagraphos'로 불렸다고 한다.

53 정화 상태 … 정화의식이 아닐까 하네 : 정화 상태(katharsis)와 정화의식(katharmos)이 구분되면서, 현명함을 제외한 덕들은 전자에, 현명함은 후자에 비유되고 있다. 이것은 현명함을 수반하지 않는 어떤 탁월한 영혼의 상태도 진정한 의미의 덕으로 간주될 수 없다는 바로 앞의 주장의 확장으로 이해될 수 있다. 즉 이 구분을 통해서 현명함은 단순히 진정한 덕에 수반하는 어떤 것에 그치는 것이 아니라, 다른 덕들을 진정한 덕으로 만드는 적극적 역할을 하는 것이 되고 있다.

54 입교의식(teletai) : 69d1에서 바코스 신도들(bakchoi)이 언급되고 있기는 하지만, 여기에서의 입교의식을 디오뉘소스교의 그것에만 한정시킬 필요는 없을 것이다. 디오뉘소스교 외에도 오르페우스교와 엘레우시스(Eleusis)에서의 데메테르 숭배가 입교의식을 포함하고 있었던 것으로 알려져 있다.

55 입교의식에 받아들여지지 않고 입교하지 못한 상태로 : "입교의식에 받아들여지지 않고"(kekatharmenos)와 "입교하지 못한 상태로"(tetelesmenos)는 서로 명확히 구분되는 입교의식의 두 단계를 가리키는 것으로 해석되기도 한다.(Cosmopoulos, 55~59) 하지만 이것을 뒷받침할 문서적 근거는 충분치 않다.

56 지팡이를 들고 다니는 사람은 많지만, 바코스 신도는 적으니(narthēkophoroi men polloi, pakchoi de te pauroi) : 이 지팡이는 디오뉘소스의 추종자들이 들고 다녔다고 전해지는 튀르소스(thyrsos)라는 이름의 회양목 지팡이를 가리킨다. 이 지팡이는 포도나무 덩굴로 감겨 있었고, 꼭대기에는 솔방울이 달려 있었다고 한다.

57 일단 영혼이 … 흩어져 날아가 버려 : 올륌피오도로스는 이 구절과 관련해서 『일리아스』 23권 100~101행과 16권 856행(=22권 362행)을 인용하

고 있다.

58 희극 시인 : 우리는 소크라테스에 대해서 '수다쟁이'(adoleschēs)라는 표현을 사용한 최소한 두 명의 희극 작가를 알고 있는데, 이 둘은 에우폴리스(『단편』 352)와 아리스토파네스(『구름』 1485행)이다.

59 태어난다는 : 'gignesthai'는 '태어남'을 의미할 수도, 혹은 보다 일반적으로 '생겨남'을 의미할 수도 있는 동사이다. 번역의 자연스러움을 고려해 70c~d에서는 '태어남'을 번역어로 선택했다. 하지만 명백히, 이것은 생성 일반의 법칙이 논의되고 있는 70e 이하에서는 채택될 수 없는 번역이다. 따라서 그곳에서는 '생겨남'이라는 보다 일반적인 번역어가 사용되었음을 밝혀 둔다.

60 된다면 : 'gignesthai'는 '~이 됨'을 의미하는, 보어를 필요로 하는 불완전 용법으로 사용되기도 한다.

61 "그럼 우리는 … 생각했었네." : 70d 참조.

62 반환점 돌기 : 반환점을 돌아오는 달리기 경주를 염두에 두고 있는 표현이다.

63 엔뒤미온 : 달의 여신 셀레네가 사랑했던 젊은이. 그는 밀레토스 서쪽 헤라클레이아에 있는 라트모스산 동굴에서 영원한 잠에 빠졌다. 달이 뜨지 않는 밤은 셀레네가 그곳을 방문하는 것이라고 한다.

64 모든 것이 한데(homou panta khrēmata)(DK59 B1) : 세계가 형성되기 전의 원초적 상태를 묘사하고 있는 표현이다.

65 "그건 정말 … 밝혀진다는 거지." : 『메논』 81a~86c를 가리키고 있는 구절이다.

66 뤼라 : 뤼라(lyra)는 가죽으로 덮인 그릇 모양의 공명통에 두 개의 지주를 세우고, 그것을 가로지르는 가로목과 공명통을 5~12줄의 현으로 연결한 악기이다. 뤼라는 또 다른 그리스의 현악기인 키타라(kithara)에 비해 더 작고 단순하며 더 낮은 소리를 냈다.

67 사랑하는 사람들(hoi erastai) … 연인들(ta paidika) : 당시 그리스 사회에 널리 퍼져 있었던 나이 든 남성과 젊은 소년 간의 동성애 관계에서 전자

와 후자를 각각 지칭하는 표현들이다.

68 그것 : 상기를 촉발한 것.

69 같은 어떤 것 : 65d에 이어서 『파이돈』에서는 두 번째로 이데아가 도입되고 있다.

70 저것 : 같음 자체.

71 어떤 것과는 같게, 어떤 것과는 같지 않게 : 수많은 논란을 불러일으켜 온 구절이다. 우선 텍스트 자체에 대한 논란이 있다. 본 번역에서는 일단 OCT 신판에 따라서 "tōi men isa ⋯ tōi de ou"로 읽었으나, "tote men isa ⋯ tote de ou"로 읽는 것 역시 못지않은 필사본적 근거를 가지고 있다. 일단 전자를 채택하고 나서도 여러 가지 해석의 가능성이 존재한다. 최소한 세 가지의 해석이 가능한데, 1. "어떤 사람에게는 ⋯ 어떤 사람에게는 ⋯", 2. "어떤 것과는 ⋯ 어떤 것과는 ⋯", 그리고 3. "어떤 측면에서는 ⋯ 어떤 측면에서는 ⋯"이 그것이다. 본 번역에서는 2번의 해석을 취했음을 알 수 있을 것이다. 반면 "tote men isa⋯ tote de ou"를 채택하면, 그 의미는 "어떤 때에는 ⋯ 어떤 때에는 ⋯" 정도가 되게 된다.

72 같은 것들 자체(auta ta isa) : 플라톤이 왜 여기서 단수 형태인 '같음 자체' (auto to ison)가 아닌 복수 형태를 사용했는가는 논란거리이다. 어떤 학자들은 같음의 이데아를 가리키는 '같음 자체'와 달리 '같은 것들 자체'는 수학적 대상들을 가리킨다고 보기도 한다. 하지만 『파이돈』의 현재 맥락에서 느닷없이 이데아와 존재론적으로 구분되는 또 다른 종류의 대상을 도입할 이유를 찾기는 어렵다. 그리고 이후의 내용에서 감각적 대상들이나 이데아들과 구분되는 제3의 존재론적 대상들이 하는 역할이 없다는 점도 기억해야 할 것이다.

73 그것 : 같음 자체.

74 물음들 속에서 묻고 답변들 속에서 답하면서 : 지속적인 문답의 과정을 통해 진리를 추구해 가는 변증술(hē dialektikē)의 방법을 염두에 두고 있는 표현이다.

75 있는 것(ho esti) : 혹은 '~인 것'.

76 자신이 알고 있는 것들에 대해서 설명을 제시할 수 : X에 대한 설명(logos)을 제시(didōnai)할 수 있는 것은 플라톤에게 있어서 X에 대한 진정한 앎을 가지기 위해 충족되어야 할 핵심적인 조건이다. 설명의 제시는 문맥에 따라 어떤 명제에 대한 증명을 제시하는 것을 의미할 수도 있고, 어떤 개념의 정의를 제시하는 것을 의미할 수도 있다. 여기에서는 후자로 이해하는 쪽이 자연스러워 보인다.

77 그건 : 설명을 제시할 수 있다는 것은.

78 방금 우리가 이야기했던 것들 : 75c~d에서 언급되었던 같음 자체, 아름다움 자체 등을 가리킨다.

79 이것들 : '아름다운 것, 좋은 것, 그리고 그와 같은 모든 존재'(76d8~9).

80 동일한 필연성(hē autē anankē) : 이데아들의 존재와 태어나기 전의 영혼의 존재가 가지는 동일한 정도의 필연성.

81 우리의 논증은 … 절묘하게 피신하는군요 : 상기 논증을 사냥감에, 소크라테스와 심미아스를 그것을 쫓는 사냥꾼에 비유하고 있다. 논증의 피신이 절묘한 이유는 물론 그것이 두 사람이 전적으로 수용하는 명제에 근거하고 있기 때문이다.

82 가능한 한 최대한으로(hōs hoion te malista) : 'malista'를 본 번역에서처럼 '최대한으로'로 번역하면 이 구절은 존재의 정도(degree of being)라는 아이디어를 내포하고 있는 셈이 된다. 하지만 이 독해가 필요 이상으로 강한 존재론적 주장을 읽어 내고 있다고 보는 견해도 있다. 이 견해에 따르면 'malista'는 '가장 확실하게' 정도로 해석되어야 하며, 이 경우 이데아들은 가장 높은 정도의 존재를 지니는 것이라기보다는, 존재한다고 가장 확실하게 이야기할 수 있는 것들이 된다.

83 조금 전 : 70a에서 이야기되었다.

84 막아서고 있습니다(enestēken) : 군사적 비유를 사용하고 있다.

85 그 주장 : 우리의 영혼이 태어나기 전에도 존재했다는 것.

86 이 점 : 우리의 영혼이 죽은 후에도 여전히 존재한다는 것.

87 도깨비(ta mormolykeia) : 말 안 듣는 아이들을 겁주기 위해 사용되던 신적 존재들이다.

88 헬라스는 넓다네 : 지속적인 식민 도시 건설로 인하여 당시 그리스인들이 거주하던 지역은 상당히 광범위했다.

89 앞선 논의 : 74a~77a.

90 질문을 하고 대답을 하면서(erōtōntes kain apokrinomenoi) : 주 74 참고.

91 그것의 있음에 대해 설명을 제시하는 : '그것의 ~임에 대해'가 보다 더 의미를 잘 드러내는 번역일 수 있겠다. "설명을 제시하는"에 관해서는 주 76 참고.

92 그 존재 : 주 45 참고.

93 각각의 있는 것 자체, 즉 있음(auto hekaston ho estin, to on) : 혹은 '각각의 ~인 것 자체, 즉 ~임'.

94 저것들 : '… 자체'라 불리는 것들.

95 이전에 : 65a~67b.

96 논의의 진행(hē methodos) : 'methodos'는 'method'의 원조가 되는 단어로, 접두어 'meta'와 길을 의미하는 'hodos'의 합성어이다. 길을 따름 또는 추적이라는 본래적 의미로부터 탐구, 그리고 탐구의 방법이라는 의미가 파생되어 나왔다. 이 단어의 본래적 의미 속에는, 『파이돈』의 여러 곳에서 발견되는 사냥의 비유가 내포되어 있다.

97 가지적(noēton) : 지성(nous)에 의해서 파악되는.

98 비가지적(anoēton) : 지성(nous)에 의해서 파악되는 것이 아닌.

99 하데스의 참된 거처 : 동일한 철자로 되어 있는 'ἀιδής'(비가시적인)와 'Ἀιδης'(하데스)를 가지고 말장난을 하고 있다.

100 만일 …(ean men…) : 81b1의 "반면…"(ean de ge…)과 대구(對句)를 이룬다.

101 비교의식을 치른 사람들(hoi memyēmenoi) : 주 55 참조.

102 대중적이고 시민적인 덕(hē dēmotikē kai politikē aretē) : 자신이 행하는 일에 대한 진정한 이해를 결여한 덕을 가리킨다.

103 절도 있는 사람들(andres metrioi) : 'andres metrioi'는 문맥상 절제와 정의를 실천하는 성실한 시민들을 가리키지만, 동일한 표현이 정상적인 크기를 가진 인간들을 가리키기도 한다는 점을 고려한다면(예를 들어, 헤로도토스『역사』 2.32에서는 이 표현이 피그미족과 대비되는 의미로 사용되고 있다.) 플라톤이 여기에서 일종의 말장난을 구사하고 있다고 볼 수도 있다. 후자의 의미로 'andres metrioi'는 인간보다 훨씬 작은 벌이나 개미와 대비된다.

104 그것 : 철학.

105 자신 : 지혜를 사랑하는 사람의 영혼.

106 직물을 거꾸로 짜는 페넬로페의 끝나지 않는 일 : 트로이전쟁에 참여한 남편 오뒤세우스를 20년 동안 기다려야 했던 페넬로페는 구혼자들을 물리치는 구실로 시아버지 라에르티오스의 수의를 짜야 한다는 것을 내세우고서는 매일 밤낮으로 짰던 것을 다시 푸는 일을 반복했다.

107 의견의 대상이 아닌 것(to adoxaston) : 단순히 이러저러하다고 믿어지는 (doxazesthai) 것. 참된 앎의 대상과 대조되고 있다.

108 가장 많이 그리고 최고로(pleista kai malista) : OCT신판은 'malista'를 'kallista'로 고쳐 읽었으나, 본 번역에서는 원래의 필사본대로 읽기로 한다. 신판의 텍스트를 따르면 이 구절은 '가장 많이 그리고 가장 아름답게'의 의미가 된다.

109 그들이 섬기는 신 : 아폴론을 가리킨다. 델포이의 아폴론 신전이 잘 보여 주듯이, 아폴론은 예언의 신이기도 했다.

110 우리 : 아마도 에케클라테스와 심미아스를 포함하는 일군의 피타고라스학파의 사람들을 가리킬 것이다. 하지만 영혼 윤회라는 피타고라스학파의 핵심적 주장이 '영혼은 조화'라는 이론과 잘 부합되지 않는다는 문제점은 남는다.

111 붙잡은(haptomenōi) : 레슬링 경기에서 상대방을 붙잡는 것에 비유하고 있다.

112 이 모습 : 인간의 모습.

113 무르지(anatithemai) : 주장을 철회하는 것을 장기 같은 게임에서 수를 무르는 것에 비유하고 있다.

114 논변이 말할 : 논변을 의인화하고 있다.

115 여러 몸들 : 이때의 '여러 몸들'은 상이한 인물들의 몸들이 아니라 동일한 인물이 상이한 시점에 가지는 상이한 몸들, 혹은 그것의 상이한 상태들을 가리킨다.

116 당신 : 여기서 '당신'이 지칭하는 것이 누구인가는 다소 복잡한 문제이다. 문맥상 이 표현은 케베스를 지칭하는 것으로 볼 수밖에 없는데, 그렇다면 여기서 케베스는 영혼 불멸에 대한 가상의 반론자로 하여금 자신을 '당신'으로 지칭하도록 만들고 있는 셈이다.

117 그렇지 않다면 : 영혼의 불사와 불멸을 증명할 수 없다면.

118 앞선 논변 : 유사성 논변을 가리킨다.

119 앞서 이야기된 논의들 : 바로 앞의 "앞선 논변"과 달리 이 표현은 앞서 논의된 것들 전체를 가리키고 있다.

120 따라갔는지(metēlthe) : 사냥의 비유가 다시금 사용되고 있다.

121 "파이돈, … 자르게 되겠군." : 머리카락을 자르는 것은 죽은 사람에 대한 애도의 표시였다고 한다.

122 아르고스 사람들처럼 맹세할 걸세 : 헤로도토스의 『역사』 I.82에 따르면, 튀레아이를 스파르타에게 빼앗긴 아르고스인들은 그것을 되찾기 전까지 머리를 기르지 않을 것을 맹세했다고 한다.

123 이올라오스 : 헤라클레스의 조카이자 조력자. 헤라클레스가 여러 개의 머리를 가진 괴물 휘드라를 처치할 때 그를 도왔다. 헤라클레스가 휘드라의 머리를 하나씩 벨 때마다, 이올라오스는 베어진 머리 부위를 불로 지져 새로운 머리가 생겨나지 않도록 했다고 한다.

124 전문 지식(technē) : 'technē'는 플라톤의 여러 대화편들에서 대상에 대한 체계적이고 전문적인 지식을 의미하는 단어로 사용된다.

125 반론적 논변들(hoi antilogikoi logoi) : 반론은 주어진 하나의 주장으로부터 그것과 반대되거나 모순되는 주장을 이끌어내는 논쟁의 기술이다.

반론의 과정을 통해서, 반론자는 상대방으로 하여금 서로 반대되거나 모순되는 주장을 동시에 참으로 받아들이거나, 최소한 원래의 주장을 포기하도록 압박할 수 있게 된다. 101e1~6 참고.

126 에우리포스 : 에우보이아섬의 칼키스와 보이오티아 사이의 해협. 하루에도 여러 번 조류의 흐름이 바뀌는 것으로 유명하다.

127 서투름(atechnia) : 기술 혹은 전문 지식(technē)의 결여(a-).

128 이것 : 죽음.

129 그 논변 : 심미아스와 케베스의 논변들.

130 이렇게 갖춘 채로(pareskeuasmenon) ⋯ 전진하고 있네(erchomai) : 필요한 장비를 갖추고 적을 향해 전진하는 비유를 사용하고 있다.

131 합쳐져서 그것을 이루었어야 할 것들 : 복합체로서의 영혼을 구성하는 기본 요소들을 가리킨다.

132 이 주장 : 영혼이 일종의 조화라는 주장.

133 저 주장 : 알게 됨은 상기라는 주장.

134 논증(apodeixis) : 'apodeixis'는 이후 아리스토텔레스에 의해서 '필연적이고 일차적인 전제들로부터의 추론'(syllogismos)이라는 엄밀한 규정을 얻게 된다. 'apodeixis'는 그의 『분석론 후서』의 중심 주제이다.

135 그럴 법함(to eikos)과 그럼직함(euprepeia) : 『파이드로스』 267a~b에서 그럴 법함(eikos)은 연설가들에게서 진리보다 가치 있는 것으로 여겨진다고 이야기된다. 『파이드로스』 272d~273a에서도 연설술을 가진 사람들이 법정에서 오로지 그럴 법함만을 추구하고, 진리에는 작별을 고하는 행태가 비판적으로 논의된다. 그럴 법함에 근거한 논변의 전형적인 예를 우리는 소피스트 안티폰의 『4부작』에서 볼 수 있다.

136 받아들일 만한 가정(hypothesis axia apodexasthai) : 플라톤은 가정의 받아들일 만함의 기준을 명확히 제시하지 않고 있다. 100a3~7에서 가설의 방법이 설명될 때 등장하는, '가장 강한 logos'가 이와 관련되어 있음을 짐작할 수 있기는 하지만, 가장 강함의 의미가 무엇이냐는 문제가 다시 제기된다.

137 있는 것(ho estin) : 각각의 X와 관련해서 진정한 의미에서 X인 바를 의
미한다는 점에서 '~인 것'이라는 번역도 가능할 것이다.

138 영혼은 … 이미 동의되었네 : 93b4~7에서.

139 동의된 셈이네(esti ⋯ homologēma) : 명시적으로 그렇게 동의된 적은 없
다. 그리고 일견 이것은 앞서 소크라테스가 조화가 더나 덜 이루어질
수 있는 가능성을 열어 놓은 것과 충돌하는 듯 보이기도 한다. 그가
여기서 이야기하고 있는 것은 아마도 '영혼=조화'인 한에서, 그 조화
는 더나 덜 조화일 수 없다는 것일 것이다.

140 그것 : 영혼.

141 『오뒤세이아』 20권 17~18행.

142 우리들 자신에게도 동의하지 않게 될 테니 : 내적 갈등과 충돌이 존재한
다는 사실은 모두가 동의하는 사항이기 때문에.

143 하르모니아 건 : 하르모니아는 테바이를 세운 카드모스의 아내이다.
소크라테스는 테바이 출신인 심미아스가 주장한 조화(harmonia) 이론
을 의인화해서 이야기하고 있다.

144 카드모스 건 : 심미아스의 주장과 짝을 이루는 케베스의 주장을, 하르
모니아의 배우자인 카드모스에 빗대어 이야기하고 있는 것이다.

145 가까이 다가가서(engys iontes) : 호메로스 서사시의 영웅들이 싸울 때
근접전을 벌이는 것을 염두에 둔 표현.

146 원인(aitia) : 'aitia'는 '…의 탓으로 돌리다, …를 고발하다' 등의 의미
를 가지는 동사 'aitiaomai'에서 파생된 명사이다. 'aitia'는 그래서 '…
의 탓' 혹은 '…때문'의 '…' 자리에 들어갈 수 있는 것들을 폭넓게 지
칭할 수 있는 단어이다. 'aitia'는 이후 라틴어의 'causa'를 거쳐 영어의
'cause'로 번역되게 되고, 우리말에서는 통상 '원인'으로 번역되게 된
다. 하지만 'cause'라는 번역어가 『파이돈』에서의 'aitia'의 의미 범위
를 지나치게 축소시킨다는 이유로, 'cause'보다는 'reason'이 사용되
어야 한다는 주장이 제기되기도 한다. 이 입장을 옹호하는 고전적인
논문이 Vlastos(1969)이다. 이에 반해 'cause'를 옹호하는 입장으로는

Sedley(1998)를 들 수 있다.

147 자연에 관한 탐구(peri physeōs historia) : 소크라테스 이전의 소위 자연철학자들의 활동을 가리키는 표현이다. 그들 중 다수가 『자연에 관하여(peri physeōs)』라는 제목의 책을 썼다고 전해진다. 영어 'history'의 원조인 'historia'는 원래 탐구 혹은 탐문, 그리고 그것의 기록을 의미했다.

148 따뜻함과 차가움이 … 형성되는 것인가? : 아낙사고라스의 제자로 알려진 기원전 5세기의 철학자 아르켈라오스(Archelaos)의 견해로 추정된다. 그는 최초의 생물들에 대해서 이야기하면서, 그것들의 생겨남의 원인이 차가움과 뜨거움이라고 말했다고 전해진다.

149 우리가 생각하는 수단은 피인가 : 엠페도클레스의 단편 중에 피가 생각을 가능케 한다는 구절이 발견된다.(DK31 B105)

150 공기인가 : 아폴로니아의 디오게네스가 공기를 생각을 가능케 하는 것으로 이야기하고 있다.(DK64 B4,5) 이것은 공기를 만물의 근원으로 생각한 아낙시메네스로부터 온 것일 가능성이 있다.(DK13 B2)

151 불인가 : 헤라클레이토스를 염두에 둔 것으로 보인다.(DK22 B36)

152 뇌가 … 감각을 제공하는 것이고 : 뇌가 감각을 가능케 한다는 생각을 가진 사람으로 알크마이온이 있었다.(DK24 A5)

153 음식물들로부터 … 말일세 : 아낙사고라스의 주장을 연상케 하는 구절이다.(DK59 B10)

154 머리에 의해서(autēi tēi kephalē) : 그리스어의 여격(dative)은 차이의 정도와 원인을 모두 의미할 수 있다. 따라서 이 구절은 '머리만큼'과 '머리에 의해서' 사이의 중의성을 활용하고 있다고 할 수 있다.

155 모든 것들을 … 지성이라는 거야 : 지성(nous)이 만물을 질서 짓는다는 아낙사고라스의 생각은 DK59 B12에서 볼 수 있다.

156 이것들에 대한 지식은 같은 것이니까 : 반대되는 것들은 동일한 지식의 대상이 된다. 예를 들어 병과 건강은 모두 의술의 대상이다.

157 지구가 … 말해 줄 것이고 : 지구가 둥글다고 생각한 것은 피타고라스학파 이후였다. 아낙사고라스는 지구를 일종의 원통 모양으로 생각했다.

158 그 원인과 필연성을 : 그러한 것이 왜(원인) 필연적인가(필연성)를.

159 그 사람은 지성을 사용하지도 : 우주적 지성을 사용하지 않았다는 것과 자신의 지성을 사용하지 않았다는 두 의미를 동시에 담고 있는 표현 이다.

160 진정한 원인(to aition toi onti)과 그것 없이는 원인이 원인일 수 없는 것 (ekeino aneu hou to aition ouk an pot' eie aition) : '그것 없이는 원인이 원 인일 수 없는 것'은 목적론적인 원인이 현실화되기 위해 필요한 물질 적 조건들을 가리킨다. 이것들을 『티마이오스』에서는 '보조적 원인들' (synaitiai)이라고 부르고 있다.(46c7~e6)

161 어둠 속에서 더듬거리는 것처럼 : 눈을 가리고 사람을 찾는 놀이를 생각 하고 있다.

162 어떤 사람은 … 머물도록 만들고 : 아리스토텔레스의 『천체론』에 따르면 엠페도클레스가 이런 주장을 했다고 한다.(300b2~3)

163 어떤 사람은 … 밑받침으로 삼지 : 아낙시메네스, 아낙사고라스 그리 고 데모크리토스가 이런 주장을 했다고 한다.(아리스토텔레스, 『천체론』 294b13~17)

164 아틀라스 : 아틀라스는 티탄족의 신으로, 소위 티타노마키아(titanomachia), 즉 티탄족과 올림포스 신들 간의 전쟁에서 패배한 후, 그 벌로 자신의 어깨로 하늘을 떠받치는 일을 맡게 된다.

165 묶는 것 : "묶는"(deon)에는 '묶는'과 '마땅함'의 의미가 함께 들어 있다.

166 두 번째 항해(deuteros plous) : 본래는 순풍에 의지해 항해하는 것과 대 비해서 노를 저어 힘들게 항해하는 방식을 가리킨다. 이로부터 자연 스럽게 차선의 방법이라는 의미가 파생되게 된다. 하지만 과연 이제 부터 이야기될 내용이 어떤 점에서 두 번째 항해인지, 그리고 과연 그 가 이 표현을 차선의 방법이라는 액면 그대로의 의미로 사용하고 있 는 것인지에 관해서는 다양한 견해들이 존재한다.

167 말들(logoi) : 'logoi'는 'propositions', 'definitions', 'statements', 'propositions', 'theories' 등 다양한 방식으로 번역되어 왔다. 이런 번

역어들은 공통적으로 'logoi'가 무엇보다도 어떤 언어적 표현이라는 점을 표현하고 있다. 하지만 잊지 말아야 할 점은 바로 다음 구절들에서 'logoi'를 통한 탐구가 감각을 통한 탐구와 대조되고 있다는 사실이다. 이것은 'logoi'에 이성능력이라는 의미 역시 내포되어 있음을 시사한다. 따라서 Guthrie(1986, 352: n. 1)의 'the domain of reason'도 충분히 타당한 번역이라 할 것이다. 플라톤은 이 두 의미를 'logoi'라는 하나의 표현 속에 중의적으로 담고자 했던 것으로 보인다.

168 사태들 안에서(en ergois) : logos라는 매개를 거치지 않고 직접적으로 대상을 탐구하는 것을 의미한다. 하지만 플라톤은 곧바로 이것이 logos를 통한 탐구보다 더 직접적인 탐구의 방식이라는 점에 의문을 제기하고 있다.

169 가정한 : 'hypomenos'의 기본적인 의미는 '밑에 놓은'이다.

170 부합한다(sympmphonein) : 가설의 방법과 관련해서 'sypmphonein'의 의미에 관한 고전적인 논의는 Robinson, R. 126~129이다. 그는 두 가지의 가능한 해석으로 'consistent with'와 'derivable from'을 들고, 그 각각의 장점과 문제점을 면밀히 검토하고 있다.

171 어떤 식으로 어떻게 그것이 덧붙여지건 : OCT신판은 'prosagorumenē' 로 읽었으나 역자는 'prosgenomenē'로 읽은 Burnet을 따랐다. 전자를 따르면 본문은 '그 관계가 어떤 이름으로 불리건' 정도의 의미가 된다. 두 독해 사이에 내용상 결정적인 차이는 없다.

172 설명을 제시해야 : 76b5, 78d1~2에서와 달리, 이 구절에서 '설명을 제시함'은 주어진 명제보다 상위의 명제를 근거로 그 명제에 대한 증명을 제시하는 것을 의미한다.

173 충분한 어떤 것에 도달할 때까지 : '충분한'(hikanos)의 의미는 분명치 않다. 『국가』510b5~511d에서의 무가정의 원리(archē anypothetos)와 같은 것을 염두에 두고 있다는 해석도 있지만, 양자의 연관성을 부정할 필요는 없다 하더라도, 『파이돈』에서 이미 플라톤이 무가정의 원리에 대한 구체적 아이디어를 가지고 있었다고 볼 필요도 없을 것이다.

174 반론꾼들(hoi antilogikoi) : 90b9~c6에서 논의되고 있는 "반론적 논변들
로 세월을 보내는 사람들"을 가리킨다.

175 형상들 각각은 어떤 것이라는 : 혹은 '형상들 각각이 어떤 것으로서 있
고'.

176 한쪽의 큼에는 … 큼을 제시함으로써 : 파이돈의 (상대적) 큼에는 심미아
스 자신의 작음을 굴복시켜 전자가 후자를 초과하도록 하고, 소크라
테스에게는 그의 (상대적) 작음을 초과하는 심미아스 자신의 큼을 제
시함으로써.

177 저것 : 우리 안의 큼.

178 사물 : 사물(pragma).

179 꼴(morphē) : 플라톤은 이 문맥에서 'eidos'와 'idea' 그리고 'morphē'를
자유롭게 바꾸어 쓰고 있다.

180 지금 우리가 이야기하는 이름 : '홀'.

181 그것이 바로 셋인 것은 아님에도 불구하고 : 홀≠셋임에도 불구하고.

182 그것이 공격해 오면 : 군사적 비유가 사용되고 있다.

183 그것들이 차지한 : 역시 군사적 행동에 빗대어 이야기하고 있는 것이
다.

184 자신 : 이때 '자신'이 가리키는 것이 차지하는 쪽인지 차지함을 겪는
쪽인지에 관해서는 의견이 갈린다. 문법적으로는 차지함을 겪는 쪽
을 가리키는 것으로 보는 것이 더 자연스럽다.(Hackforth 1955, Bluck
1955) 그것들이 차지한 '것'과 '자신'이 모두 단수 형태이기 때문이다.
하지만 이렇게 해석하면 이 규정이 소크라테스가 들고 있는 예들과
잘 대응되지 않는다는 문제점이 발생하게 된다. 예를 들어, '셋-홀'을
통해 그가 이야기하고자 하는 바는 셋이 차지한 것은 셋의 성질뿐만
아니라, (반대를 가지는) 홀의 성질도 가지게 된다는 것이다. 그는 셋이
차지한 쪽이 그것의 성질(그것이 무엇이든)과 더불어 홀의 성질을 가
지게 된다는 것을 이야기하고 있는 것은 아닌 것이다. 하지만 이렇게
'자신'을 차지하는 쪽을 가리키는 것으로 보기 위해서는(O'Brien, 1967)

전자가 단수 형태인 반면 후자는 복수 형태라는 문제점을 감수해야만 한다. 한편 아예 104d1에서의 '그것들(tade)'을 차지함을 겪는 쪽으로 보는 해석도 있는데(Gallop, 1975), 이 해석은 위에 언급된 첫 번째의 해석이 가지는 문제점에 더해서, 이 구절에서의 주된 규정 대상을 차지함을 겪는 쪽으로 만든다는 난점도 가지게 된다. 즉 이 해석대로라면, '셋-홀'과 관련해서 소크라테스는 셋도 홀도 아닌 (그것이 어떤 것들인지에 대해 전혀 언급도 하지 않고 있고 아무런 관심도 보이지 않는 듯한) 셋이 차지한 대상(들)에 대한 규정을 제시하고 있다고 보아야 하게 되는 것이다.

185 이것 : 두 배.

186 교양 있음(musikon) : 일차적인 의미는 'musikē(음악, 시가 등)에 조예가 있음'이다.

187 이것 : 비-짝인 것이 불멸한다는 사실.

188 그가 살아 있을 때 뽑힌 : 『국가』 617e에서는 어떤 삶의 방식을 선택하는가에 따라 각자의 다이몬이 결정되는 것으로 이야기되고 있다.

189 다이몬(daimōn) : 여기서는 각각의 영혼에게 할당된 일종의 수호신을 의미한다.

190 텔레포스 : 지금은 전해지지 않는 아이스퀼로스의 비극 작품의 제목이자 등장인물의 이름인 것으로 추정된다.

191 이승에서의 의식들과 관습들 : 길들이 갈라지는 장소에서 하계(下界)의 여신이기도 한 헤카테(Hekatē)를 섬기는 의식이 당시 널리 행해졌다고 전해진다.

192 앞서 말했던 대로 : 81c~d.

193 지구에 대해서 이야기하곤 했던 사람들 : 이런 전통은 아낙시만드로스와 헤카타이오스로부터 시작된 것으로 여겨진다.

194 "무슨 말씀이신가요, … 들었으면 싶군요." : 이어지는 이야기의 내용 중 어느 정도까지가 이미 존재하고 있던 것이고 어느 정도까지가 플라톤의 창작인가에 대해서는 다양한 의견이 존재한다. 일반적으로는, 그

것은 기본적으로 플라톤이 다양한 출처들로부터 끌어온 내용들을 바탕으로 자유롭게 창작한 결과물이고, 그는 여기에 시칠리아의 구체적 지리에 연결시켜 사실성을 더하려 했다는 설명이 널리 받아들여져 왔다. 반면 이어지는 이야기에 대한 플라톤의 기여는 전통적으로 받아들여져 왔던 것에 비해 훨씬 적으며, 그 내용의 주요 부분은 이미 존재하던 것이라고 보는 견해도 있다.(Kingsley, 1995)

195 글라우코스의 기술까지 있어야 할 것 같지는 않네 : 여기에서 언급되고 있는 글라우코스가 누구인가에 대해서는 여러 견해가 있다. "글라우코스의 기술까지 필요치는 않다"는 관용적 표현이었던 것으로 보인다.

196 강제력(anankē) : 강제력의 불필요함은 99b~c에서 소크라테스가 지구를 떠받치는 여러 힘들을 찾으려는 시도를 비판하고 있는 것과 연결되어 있다.

197 동일성(homoiotēs) : 후대의 기록들에서는 동일한 아이디어가 'homoitēs' 대신 주로 'isotēs'를 사용해 표현되고 있다.

198 평형상태(isorropia) : 아낙시만드로스의 원통형 지구는 엄밀히 말해서 이 조건을 충족시키지 못한다고 할 수 있다. 피타고라스학파에 의해서 완전한 구형의 지구가 도입된 다음에야 이 문제는 해소되게 된다. 여기서 언급된 생각을 보다 상세히 설명하고 있는 곳은 『티마이오스』 62d~63a이다.

199 파시스강 : 오늘날의 리오니(Rioni)강으로 코카서스산맥에서 발원하여 흑해로 흘러 들어간다.

200 헤라클레스의 기둥들 : 오늘날의 지브롤터 해협 어귀 양쪽의 바위산을 가리킨다. 북쪽의 기둥은 현재 '지브롤터의 바위'(Rock of Gibraltar) 로 불리는, 영국령 지브롤터에 속한 바위산을 지칭한다는 데에 이견이 없지만, 남쪽의 기둥에 관해서는 역사적으로 의견이 분분했다. 가장 유력한 후보지로 꼽히는 것은 스페인의 세우타에 있는 몬테 아초와 모로코의 에벨 무사 두 곳이다.

201 지구 자체 : 지구의 진정한 표면을 가리킨다.

202 별들 : 여기에서의 별들은 행성들을 포함하는 것으로 보아야 할 것
이다.

203 그런 것들에 관심을 가지는 많은 사람들이 : Burnet(1911, 130)의 견해에
따라 "eiōtōn legein(109c2)"를 삭제했다. Burnet은 이 구절이 108c7
로부터 잘못 삽입되었다고 본다.

204 아이테르(aither) : 호메로스는 '아이테르'를 별들과 신들이 거주하는 영
역을 지칭하는 표현으로 사용하고 있다. 아낙사고라스와 엠페도클레
스는 이 표현으로 기본 원소로서의 불을 지칭하고 있다. 『파이돈』에서
아이테르는 공기(aer)보다 순수한 어떤 것으로 묘사된다.

205 저것들 : 물과 안개와 공기.

206 우리의 이 지구 : 인간들이 거주하며 지구의 표면이라 여기는, 진정한
지구의 우묵한 지역.

207 저곳 : 참된 지구의 표면.

208 이야기로 말해도(mython legein) : 이 표현은 이제부터 제시될 참된 지구
의 표면에 관한 이야기가 앞서 자신이 '믿게 된' 이야기라 칭했던 것에
비해 확실성이 떨어지는 것임을 시사하는 말로 이해될 수 있다.

209 열두 조각으로 된 가죽 공 : 『티마이오스』 55c에서 데미우르고스는 세계
를 구성하는 과정에서 각 면이 정오각형인 정십이면체를 이용하는 것
으로 기술되고 있다.

210 함께 흘러 들어온 것들 : 물과 안개와 공기(109b).

211 이 모든 것들 : 보석들.

212 크라테르 : 크라테르(kratēr)는 포도주와 물을 섞는 데 쓰이는 희석용
용기이다. 그리스인들은 일반적으로 포도주를 물과 일정 비율로 섞어
마셨다. 'kratēr'는 화산의 분화구를 의미하는 영어 단어 'crater'의 어
원이기도 한데, 처음에는 분화구의 우묵한 모습이 희석용 용기와 유
사한 것에 착안한 비유적 표현이었다. 플라톤은 여기서 이 두 의미를
중의적으로 표현하고 있는 것으로 보인다.

213 시켈리아 : 현재의 시칠리아섬을 가리킨다.

214 이것들 : 위에서 열거된 물, 불, 진흙 등을 가리킨다.

215 다른 점에서도 ⋯ 점에서도 그러한데 : 즉, 가장 크고 가장 깊다는 의미.

216 『일리아스』 8권 14행.

217 다른 곳에서도 : 『일리아스』 8권 451행.

218 다른 많은 시인들도 : 예를 들어, 헤시오도스, 『신통기』 119.

219 타르타로스 : 천구에서 땅까지의 거리만큼 땅 아래 깊이 있다는 심연.

220 기류(pneuma) : 바로 앞에서 '숨'의 의미로 사용된 단어가 사용되고 있다.

221 마치 물을 대듯이 : 농사를 짓기 위해 물을 대는 것에 비유하고 있다.

222 오케아노스 : 오케아노스(ōkeanos)는 지구 전체를 둘러싸고 흐르는 것으로 묘사되는 대하(大河)이다. 신으로서의 오케아노스는 우라노스와 가이아 사이에서 태어난 소위 티탄들 중 하나이고, 바다의 풍요를 상징하는 여신 테튀스와 결혼하여 모든 강들을 낳았다고 전해진다.

223 아케론(Acherōn) : 『오뒤세이아』 X. 513 이하에서 아케론은 오케아노스를 건너가 맞닥뜨리게 되는 저승의 강으로, 그곳으로 코퀴토스와 퓌리플레게톤이 흘러 들어가는 것으로 이야기되고 있다.

224 아케루시아스(Acherousias) : 아케론강에 의해 형성된 호수.

225 동물들로의 태어남 : 81e~82b를 참고할 것.

226 퓌리플레게톤(Pyriphlegethōn) : 당시 그리스인들에게 잘 알려진, 화산 지형과 관련된 어떤 강이었을 것으로 추정된다.

227 청회색(kyanos) : 색을 지칭하는 그리스어의 많은 단어들과 마찬가지로 'kyanos'가 정확히 어떤 색을 가리키는가는 분명치 않다. 일반적으로 'kyanos'는 죽음과 밀접히 연관된 색으로 여겨진 듯하다.

228 스튀기오스(Stygios) : 스튁스 주변 지역을 가리키는 표현이다.

229 스튁스(Styx) : 그리스의 신들은 스튁스강에 대고 맹세를 했다고 한다. 신으로서의 스튁스는 오케아노스와 테튀스 사이에서 태어난 자식들 중 첫째였다. 여기에 아킬레우스를 그의 어머니 테티스가 담가 불사의 존재로 만들려고 했으나, 잡고 있던 발뒤꿈치 부분을 빼놓는 바람에 결

국 그가 그 부분에 화살을 맞고 죽게 된다는 이야기로도 유명하다.

230 코퀴토스(Kōkytos) : 『오뒤세이아』 X. 513 이하에서도 알 수 있듯이, 코퀴토스는 일반적으로 퓌리플레게톤과 짝을 이루는 것으로 생각되었던 듯하다.

231 저들 : 지구 위에 거처하게 된 나머지 사람들.

232 장식(kosmos) : 'kosmos'는 장식을 의미하기도 하지만 영혼의 질서를 의미하기도 한다.

233 발자국을 따라가듯 : 다시 한 번 사냥의 비유가 사용되고 있다.

234 여기 이 사람이 재판관들에게 섰던 것 : 『변명』 38b6에서 언급되고 있는 벌금에 대한 보증이 아니라, 『크리톤』 44e2 이하의 내용으로부터 추측할 수 있는 보증, 즉 델로스섬으로 떠난 사절단이 돌아올 때까지 소크라테스를 방면해 줄 것을 제안하면서 크리톤이 선 보증을 가리키는 것으로 추정된다.

235 더 이상 아무것도 안 남았는데도 아낀다면(pheidomenos oudenos eti enontos) : 속담에서 유래한 표현으로 추측된다. 헤시오도스의 『일과 나날』 368~369에는 술이 떨어진 후 찌꺼기만 남고서야 아끼려 드는 어리석음이 이야기되고 있다.

236 아스클레피오스 : 아스클레피오스는 아폴론과 님프 코로니스 사이에서 태어났다. 뛰어난 의술 때문에 그가 인간을 불멸의 존재로 만들 것을 두려워한 제우스가 벼락으로 죽였다는 이야기가 전해진다. 『일리아스』에서는 단순히 유능한 의사로 묘사되고 있지만 훗날 의술의 신으로까지 신격화되었다. 아스클레피오스에게 닭 한 마리를 빚졌다는 소크라테스의 말은 통상 삶이라는 병으로부터 자신이 낫게 된 상황에 대해서 의술의 신에게 감사를 표현하고 있는 것으로 해석된다. 대안적으로, 소크라테스가 실제로 진 빚에 대해 이야기하고 있다는 해석도 있으나, 그 근거는 박약하다.

작품 안내

『파이돈』은 플라톤의 다른 어떤 작품들과도 비교할 수 없는 특별하고 의미심장한 극적 배경을 가진다. 바로 이 작품 속에서 소크라테스의 죽음과 그가 벗들과 나눈 마지막 철학적 대화가 그려지고 있기 때문이다. 고대 그리스 문화에서 한 인간의 죽음의 방식과 그것을 맞이하는 태도는 그의 영예(kleos)를 불멸의 것으로 만드는 결정적인 요소로 간주되었다. 서사시나 비극의 영웅에게 죽음은 그저 자신에게 불가피하게 닥치는 어떤 사건이 아니라 기꺼이 맞이해야 하는 어떤 것이다. 그는 그렇게 함으로써 죽음을 극복하며 그가 항상 염원해 왔던 '아름다운 죽음'(kalos thanatos)을 성취한다. 그렇기 때문에, 영웅의 죽음은 그것을 둘러싼 상황과 사건들에 평소와는 다른 무게와 긴장감을 부여하게 된다. 『파이돈』은 독자들을 그러한 상황 한가운데로 인도한다.

한동안 지체되어 왔던 소크라테스의 사형 집행이 임박했음을 알리는 소식이 그의 벗들에게 전해진다. 이제 그들은 소크라테스와의 마지막 시간이 될 것임을 예감하며 감옥을 방문해 그와 대화를 나눈다. 『파이돈』은 바로 그때 일어났던 일들을 독자들에게 들려준다. 이러한 극적인 상황을 배경으로 선택함으로써, 플라톤은 『파이돈』에서 소크라테스가 행한 것들, 그리고 그의 입을 통해 이야기되는 것들에 특별한 의미와 중요성을 부여하고 있다. 『파이돈』은 플라톤이 전하는 소크라테스의 백조의 노래인 것이다.

이러한 극적 배경을 고려할 때, 『파이돈』의 중심 주제가 영혼의 불멸이라는 사실은 놀라운 일이 아니다. 죽음을 앞둔 소크라테스에게 영혼이 불멸하는지 여부보다 더 적절한 철학적 문제를 찾기는 쉽지 않았을 것이기 때문이다. 실제로 『파이돈』의 내용 중 가장 많은 부분을 차지하는 것은 소크라테스가 제시하는 영혼 불멸에 관한 네 개의 논증들과 그것들에 대한 대화 상대자들의 반론들이다. 하지만 이런 사실로부터 곧바로 영혼의 불멸을 증명하는 것이 『파이돈』을 저술한 플라톤의 일차적 목적이었다는 결론을 내릴 필요는 없을 것이다. 오히려 『파이돈』 전체를 통해 독자에게 깊은 인상을 주는 것은 소크라테스가 제시하는 논증들의 설득력이 아니라, 철학적 토론에 임하는 소크라테스의 태도 자체이기 때문이다. 플라톤이 독자들에게 전하고자 했던 진정한 메시지는 다음과 같은 것이었다. 인간에게 가장 중요한 문제는 자신의 영혼을 돌보는 일이라는 것, 그리고 이것은 오직 철학함을 통해서, 즉 영혼을 육체적인 것들로부터 가능한 한 분리시키고, 순수한 지적 파악의 대상들을 오로지 이성의 힘으로 추구함으로써 성취될 수 있다는 것이 그것이다. 플라톤은 이 메시지를 단순히 소크라테스의 입을 통해 전하고 있지 않다. 그것은 오히려 그가 묘사하는 소크라테스의 태도와 행위들을 통해 구체화된다. 죽음을 앞둔 상황에서도 결코 노여워하거나 두려워하지 않고 오로지 정확한 사태의 진실을 알기 위해 토론에 몰두하는 소크라테스의 모습은 플라톤이 전하고자 하는 진정한 철학자의 상 바로 그것이었다. 그리고 『파이돈』의 독자들은 이 진정한 철학자가 가장 훌륭하고 가장 현명하며 가장 정의로운 사람이었음을(118a), 그리고 그가 누구보다도 행복하고 누구보다도 신의 가호를 받게 될 사람이었음을(58e) 생생하게 경험하게 된다. 다른 어떤 대화편보다도 『파이돈』을 통해서 소크라테스는 서양의 사상적 전통에서 진정한 철학자의 상징과도 같은 존재가 되었다. 스토아철학자들에게 소크라테스는 불가피한 악을 마음의 동요 없이 견뎌 내는 스토아적 현인의 모델이었다. 기독교가 지배하던 시대에는 소크라테스가 철학적 순교자의 원형이었다. 그리고 그의 죽음은 십자가에서의 그리스도의 죽음을 예시하는 것으로 여겨졌다. 니체가 보기에, 소크라테스를 그리스도로 만

든 플라톤은 "그리스도 이전의 기독교인"(『우상의 황혼』 10.2)이
었다.

플라톤의 대화편들은 보통 저술 시기에 따라 전기, 중기, 후
기 대화편으로 구분되는데, 『파이돈』은 이 가운데 중기에 속하는
작품으로 간주된다. 플라톤 저작들의 저술 시기를 확정하기 위
해서 문체 비교와 단어 사용에 대한 통계적 분석 등의 다양한 과
학적 기법들이 동원되기도 한다. 하지만 이런 기법들은 최종적
인 결론을 내려 주기엔 불충분한 경우가 대부분이다. 따라서 대
화편의 내용들 간의 유사성과 차이점이 검토될 수밖에 없는데,
이 과정에서 불가피하게 상당 정도의 추정과 가정이 개입되게
된다. 이런 이유로 대화편에 따라서는 저술 시기와 관련해서 학
자들 간에 상당한 의견 불일치가 존재하는 경우도 있다. 하지만
『파이돈』의 경우는 사정이 좋은 편이어서, 대부분의 학자들이 그
것의 저술 시기에 관한 한 의견의 일치를 보이고 있다. 즉 『파이
돈』은 『메논』, 『향연』, 『파이드로스』, 그리고 『국가』와 하나의 그룹
으로 묶이고, 이 그룹 내에서는 『메논』보다는 나중에, 그리고 『국
가』보다는 먼저 저술된 것으로 추정되고 있다.

『파이돈』이 플라톤의 중기 대화편으로 분류되는 중요한 이유
는 그 속에서 소크라테스의 생각을 넘어서는 플라톤 본인의 독
자적 철학이 나타난다고 여겨지기 때문이다. 그 대표적인 사례
로 상기설, 가정의 방법, 그리고 이데아론을 들 수 있다. 상기설

과 가정의 방법은, 다소 다른 형태이기는 하지만, 『메논』에서도 등장하기 때문에, 이 사실이 『메논』과 『파이돈』이 비슷한 시기에 저술된 작품들이라는 추정의 주요한 근거가 된다. 상기설과 가정의 방법에 관해서는 작품 줄거리와 분석 부분에서 다루도록 하고, 이하에서는 이데아론에 대해서만 간략히 논의해 보도록 하겠다. 논의의 편의상 '이데아'(idea)라는 단일한 표현을 사용하도록 하겠지만, 플라톤은 이데아를 지칭하기 위해서 다양한 표현들을 사용하고 있음을 기억할 필요가 있다. F의 이데아는 때로는 단순히 'F 자체'로 불리고, 때로는 F의 '형상'(eidos)으로 불리기도 한다.

『파이돈』에서 이데아에 대한 논의는 모두 네 번 등장한다. 그 첫 번째는 65d~66a에서이다. 소크라테스는 영혼이 참을 포착하는 것은 몸에 속한 감각기관들을 통하지 않고 오직 순수한 사유를 통해서 탐구할 때뿐임을 강조한다. 철학자들은 그래서 몸을 하찮게 여기고 자신의 영혼을 최대한 그것으로부터 멀리하기 위해 노력한다. 이 맥락에서 그 자체로 존재하는 정의로운 어떤 것, 아름다운 어떤 것, 좋은 어떤 것이 철학자가 추구하는 대상으로 이야기된다. 하지만 이 대목에서는 이것들의 본성에 대해서 많은 논의가 이루어지지는 않는다. 일단 65d~66a에서 강조되는 것은 이데아가 철학자가 추구하는 대상이며, 그것에 대한 진실은 감각을 통해서가 아니라 순수한 사고와 추론을 통해서만 획득될 수 있다는 점이다.

『파이돈』에서 두 번째로 이데아가 논의되는 것은 영혼 불멸에 대한 소위 '상기 논증'에서이다. 상기설이 이데아론과 결합하는 것은 『메논』에서는 발견되지 않는 특징이다. 74a 이하에서 소크라테스는 감각으로 파악되는 같은 것들과 같음 자체를 구분한다. 그리고 74b~c에서 이 둘의 차이에 대한 보다 적극적인 설명을 시도한다. 같은 돌들이나 같은 목재들은 "어떤 것과는 같게, 어떤 것과는 같지 않게"(74b8~9) 보이는 반면, 같음 자체는 같지 않아 보이는 적이 결코 없다는 것이 그것이다. 이데아의 본성에 관한 플라톤의 생각을 밝히는 데 이 구절의 이해가 결정적임은 분명하다. 하지만 유감스럽게도 그 구절의 해석은 학자들 사이에서 오랜 논란거리로 남아 있다. 이 구절의 다양한 해석 가능성에 관해서는 관련 미주를 참고하기 바란다. 또 하나의 논쟁거리는 많은 F인 것들이 F 자체에 비해 부족하다(endei)는 말(74d, e)을 어떻게 이해해야 하는가이다. 한 해석에 따르면, 둘 사이의 차이는 일종의 정도의 차이이다. 즉 F 자체가 완전하게 F라는 속성을 가지는 반면, 많은 F인 것들은 그보다 부족한 정도로 F라는 속성을 가진다는 것이다. 예를 들어 아름다움의 이데아가 100%의 아름다움을 가진다면, 감각적 대상들의 아름다움은 결코 100%에는 미치지 못한다는 것이다. 하지만 이 해석과 달리, 플라톤이 의도한 것은 정도의 차이가 아니라 반대항의 공존 가능성 여부라고 보는 해석도 있다. 즉 많은 F인 것들이 F 자체에 비해 부족한 이유는, 전자가 완전한 정도로 F를 구현하지 못한다는 사실이 아니라, 전자는, 모든 측면에서 F인 후자와 달리, F와 반대되는 어떤 측면을—이 측면을 어떻게 해석해야 하는가는 또 다른 문제로 남긴 하지만—가질 수밖에 없다는 점이라고 보는 것이다. 다시 말해서, 플라톤은 감각적 대상 A가 감각적 대상 B와 어떤 측면에서 완전히 같을 수 있다는 점 자체를 부정하지는 않지만, 그 둘은 또 다른 어떤 측면에서는 다를 수밖에 없다고 생각한다는 것이다.

이데아에 관한 논의는 세 번째로 78c 이하에서 소위 '유사성 논증' 중에 등장한다. 여기에서 소크라테스는 이데아가 가지는 성격들을 직선적으로 제시하고 그것을 감각적인 대상들이 가지는 성격들과 확고하게 대비시킨다. 그는 존재하는 것들을 두 부류로 나눈다. 한쪽에는 늘 그 자신의 상태를 유지하며 어떠한 변화도 받아들이지 않는 것, 그리고 순수하고 불사적이며 신적인 부류의 존재들이 있다. 다른 한쪽에는 결코 같은 상태를 유지하지 못하며, 본성상 사멸할 수밖에 없고 해체될 수밖에 없는 부류의 존재들이 있다. 이데아는 전자의 종류에 속하고, 감각적 대상들은 후자의 종류에 속한다. 앞선 논의들과 비교해 볼 때, 유사성 논변에서는 이데아의 불멸성, 불변성이라는 성격이 새롭게 부각되고 있다.

이데아는 영혼 불멸에 관한 마지막 논증에서도 중요한 역할을 수행한다. 100b에서 소크라테스는 가정의 방법을 통해서 가장 안전한 종류의 원인을 확보하고자 한다. 그것을 위해서는 우선 가장 강한 말들(logoi)을 가정으로 세우는 것이 필요한데, 문제의 가장 강한 가정으로 도입되는 것이 다름 아닌 이데아들이 존재한다는 명제이다. 이 명제와 아울러 소크라테스는 F 자체를 제외한 모든 F인 것들은 F 자체를 나누어 가짐으로써 F이게 된다는 명제를 가정으로 삼는다. 이 두 명제의 안전성을 바탕으로 그는 단순하고 우직하지만, 최소한 그를 혼란에 빠뜨리지 않는 안전한 종류의 원인을 확보할 수 있게 된다. 이데아론과 관련해서 주목할 만한 점은 이 과정에서 F 자체와 F인 것들의 관계를 정확히 어떻게 규정할 것인가의 문제가 잠시 부각된다는 사실이다(100d). 하지만 소크라테스는 이 시점에서는 그 관계를 어떻게 규정할 것인가에 개의치 않겠다는 말로 그 문제에 대한 본격적 고찰을 피하고 있다. 하지만 이 문제는 플라톤을 계속 괴롭히게 될 골칫거리가 되고, 결국 그는 『파르메니데스』에서 이 문제를 본격적으로 다루게 된다.

『파이돈』의 주제가 영혼 불멸인 만큼, 그 속에서 영혼에 대한 논의가 많이 이루어지는 것은 자연스러운 일이다. 이 논의 속에서 두드러지는 특징 중 하나는 영혼과 몸의 확고한 이분법이다. 이 이분법은 인식론적 측면과 종교적 측면 양자와 불가분하게 연결되어 있다. 인식론적인 측면에서, 영혼과 몸의 이분법은 오로지 순수한 이성 작용에 의해서만 진리가 포착될 수 있으며, 몸에 속한 감각기관들을 통한 모든 인식은 기만적이고 오도적이라는 주장으로 이어진다. 종교적인 측면에서, 이 이분법은 영혼이 몸으로부터 유래하는 모든 욕망들로부터 해방되지 않는 한 정화될 수 없고 행복해질 수 없다는 주장과 닿아 있다. 다소 거칠게 요약하자면, 인식론적인 측면에서의 반경험주의, 그리고 종교적인 측면에서의 금욕주의가 『파이돈』에서의 영혼-몸의 이분법을 구성하는 두 축이라고 말할 수 있다.

『파이돈』의 영혼관은 후대에 이데아론 못지않은 영향을 미쳤다. 그것은 기독교적인 영혼관, 즉 영혼은 영적인 실체로, 살아 있는 동안에는 육체와 결합해 있다가 죽음과 함께 그것으로부터 분리되어 영원히 살게 되는 어떤 것이라는 생각을 상당 부분 선취하고 있다. 『파이돈』의 영혼관은 때론 데카르트의 심신이원론의 원조로 간주되기도 한다. 하지만 이런 식의 단순한 동일시는 위험을 수반한다. 플라톤, 아니 나아가 고대 그리스인들의 영혼 개념은 결코 단순하지가 않으며, 그 안에 근대 철학에서의 마음과 동일시할 수 없는 매우 복합적인 의미의 층위들을 갖고 있기 때문이다.

『파이돈』은 플라톤의 다른 어떤 대화편들보다도 종교적 색채가 강한 작품이다. 몸이 영혼의 감옥이라는 생각, 육체적인 욕망에 대한 비판과 거부, 반복적으로 등장하는 영혼의 정화라는 테마, 상기와 연결된 윤회 사상, 사후 세계에서 일어나는 죽은 자의 심판과 그에 따르는 보상과 처벌 등등이 그 예들이다. 학자들은 이런 특징을 상당 부분 피타고라스학파의 영향으로 돌린다. 플라톤은 40세 때였던 기원전 387년에 시칠리아를 처음 방문했고, 그곳에서 피타고라스학파의 철학자 아르키타스와 만나 깊은 교유를 나눈 것으로 알려져 있다. 학자들은 이 경험이 그가 아테네로 돌아와 저술한 것으로 간주되는 소위 중기 대화편들에 두드러지게 나타나는 것이라고 추정한다. 특히나 『파이돈』은 그 영향이 뚜렷한데, 영혼 불멸이나 윤회와 정화 등의 내용적 측면 외에도, 극적인 설정의 측면, 즉 소크라테스의 주된 대화 상대자인 케베스와 심미아스, 그리고 파이돈의 대화 상대자인 에케크라테스가 피타고라스학파였다는 점, 그리고 플라톤이 작품의 배경을 피타고라스학파가 활발히 활동하던 플레이우스로 설정했다는 점도 그 영향의 증거로 볼 수 있다.

작품 줄거리 및 분석

1. 도입부(57a~61c)

『파이돈』은 일종의 액자 구조를 가지는 대화편이다. 액자 구조의 바깥 이야기를 구성하는 것은 파이돈과 에케크라테스의 대화이다. 고향 엘리스로 돌아가는 길에 플레이우스에 들른 파이돈은 그곳에서 에케크라테스를 만나게 된다. 소크라테스의 죽음에 관해 늘 궁금해 왔던 에케크라테스는 그 현장에 있었던 파이돈에게 당시의 상황을 들려줄 것을 부탁한다. 이 요청에 응해 파이돈이 들려주는 이야기가 액자 구조의 내부 이야기의 내용이 된다. 파이돈의 이야기는 소크라테스가 사형선고를 받은 후 왜 곧바로 형의 집행이 이루어지지 않았는가에 대한 설명으로부터 시작된다. 그 이유는 테세우스를 기념하기 위해 델로스로 떠난 배가 돌아오기 전까지는 도시를 정결히 해야 한다는 법 때문이었다. 그 기간 동안 소크라테스의 벗들은 매일 감옥을 방문해 그와 이야기를 나누며 함께 시간을 보낸다. 그러던 어느 날 그들은 마침내 델로스로 떠났던 배가 귀환했다는 소식을 듣게 된다. 마침내 소크라테스의 사형 집행이 임박했음을 알게 된 그들은 평소보다 일찍 감옥으로 찾아가 소크라테스와의 마지막 시간을 보내게 된다.

2. 철학자와 죽음(61c~69e)

『파이돈』에서의 본격적인 철학적 토론은 철학자—지혜를 사랑하는 자—는 임박한 죽음에 대해 노여워하지 않고 태연히 그것을 맞이할 것이라는 소크라테스의 주장으로부터 촉발된다. 케베스와 심미아스는 이 주장의 근거를 설명해 줄 것을 요구한다. 소크라테스는 진정한 철학자들은 전 생애를 통해 죽음을 열망하고 추구한다는 놀라운 주장을 내세운다. 만일 이것이 사실이라면, 평생 열망해 왔던 것이 닥쳐왔을 때 그것에 노여워한다는 것은 이상한 일이 아닐 수 없을 것이다. 하지만 어떤 의미에서 철학자들이 죽음을 추구하는 것인가에 관해서는 추가적 설명이 필요하다. 소크라테스는 우선 죽음이 몸으로부터의 영혼의 해방이라는 점에서 논의를 풀어 나가기 시작한다. 그는 몸과 그것에 결부된 감각지각을 통해서는 참된 존재들에 대한 앎이 획득될 수 없음을 지적한다. 그러한 앎은 오직 순수한 사고와 추론에 의해서만 획득될 수 있다. 그런데 순수한 사고와 추론은 오직 영혼이 몸의 영향으로부터 완전히 해방된 상태에서만 가능하다. 따라서 만일 죽음이 몸으로부터의 영혼의 해방을 의미한다면, 참된 존재에 대한 앎을 추구하는 철학자들은 결국 죽음의 상태를 추구하고 열망하는 셈이다. 그렇다면 평생 이러한 상태를 염원하던 사람이 막상 그렇게 될 수 있는 상황, 즉 죽음을 앞두고 노여워한다는 것은 지극히 우스꽝스러운 일이 될 것이다.

3. 영혼 불멸에 관한 논증들(69e~107b)

철학자는 죽음을 태연히 맞이할 것이라는 소크라테스의 주장은 영혼이 죽은 다음에도, 즉 몸과 분리된 뒤에도 소멸하지 않고 계속 존재함을 전제하고 있다. 하지만 케베스는 이 전제가 참인지에 대해서도 적지 않은 해명과 논증이 필요함을 지적한다. 이제부터 소크라테스가 제시하게 될 영혼 불멸에 대한 일련의 증명들과 이에 대한 심미아스와 케베스의 반론들이 『파이돈』의 중심 내용을 구성하게 된다.

3-1. 순환 논증(69e~72e)

영혼 불멸에 관한 소크라테스의 첫 번째 논변은 변화에 관한 일반 법칙을 근거로 하고 있다. x가 F라는 속성을 가지게 되었다면, 그리고 F에 반대되는 속성 −F가 존재한다면, F를 가지게 됨이라는 변화는 −F로부터의 변화이다. 예를 들어, 강하게 됨은 약한 것으로부터 강하게 되는 것이고, 나빠짐은 좋은 것으로부터 나쁘게 되는 것이다. 소크라테스는 이 원칙을 죽음과 삶의 쌍에 적용한다. 죽음은 삶의 반대이다. 따라서 어떤 것이 살게 되는 것은 죽어 있는 것으로부터 살게 되는 것이고, 역으로 죽게 되는 것은 살아 있는 것으로부터 죽게 되는 것이다. 이러한 변화는 양방향으로 균형 있게 일어나야만 한다. 즉, F로부터 −F로의 변화는 반드시 −F로부터 F로의 변화와 균형을 이루어야만 한다. 그렇지 않으면 모든 것이 두 반대항 중 한쪽의 성질을 지니게 되고, 더 이상의 변화가 일어나지 않게 될 것이기 때문이다. 이 원칙이 앞서 제시된 반대항으로부터의 변화라는 원칙과 결합하면, 죽은 자들이 산 자들로부터 생겨나는 것 못지않게 산 자들이 죽은 자들로부터 생겨난다는 결론이 따라 나온다. 그런데 산 자들이 죽은 자들로부터 생겨나기 위해서는 죽은 자들의 영혼이 몸과 결합하기 전에도 이미 존재해야만 한다.

3-2. 상기 논증(72e~77a)

상기 논증은 『파이돈』에서의 영혼 불멸 논증들 중에서도 특히 유명하고 논란 많은 논증이다. 논증은 상기(anamnēsis)에 관한 일반적 규정에서 출발한다. a가 X를 통해 Y를 상기했다면,

1. a는 Y를 이전의 어느 시점에 알고 있었어야 한다(73c1~2).
2. a는 X를 감각지각을 통해 인지할 뿐만 아니라 Y를 떠올려야 한다(73c6~8).
3. X와 Y는 다른 지식의 대상이어야 한다(73c8~9).

소크라테스는 여기에 심미아스의 그림을 보고 심미아스 본인을 상기하는 경우처럼, 유사한 대상들 사이에서 일어나는 상기가 만족시켜야 할 조건을 추가한다.

4. a가 Y와 유사한 X에 의해서 Y를 상기했다면, a는 X가 Y에 유사성에 있어서 뭔가 부족한지 그렇지 않은지를 떠올린다(74a5~7).

이어서 소크라테스는 목재들이나 돌들처럼 감각적으로 파악되는 같은 것들과 같음 자체를 구분하고, 후자에 대한 지식이 전자로부터 촉발됨을 지적한다.

5. 우리는 같은 것들로부터 같음 자체에 대한 지식을 떠올린다(74c7~9).

이제 5에 조건 2와 3을 적용하면, 5에서의 '떠올림'은 상기이다. 그런데 조건 4에 따르면, 5에서와 같은 상기를 하는 사람은 같음 자체와 같은 것들을 비교하고 후자는 전자에 비해 부족하다는 것을 떠올리게 된다. 그런데 조건 1에 따르면, 그런 사람은 같은 것들을 지각하는 시점 이전의 어떤 시점에 같음 자체를 알았어야만 한다. 이제 또 하나의 전제, 즉 우리는 태어나는 순간부터 지각의 능력을 지니게 된다는 것이 추가된다. 이로부터 같음 자체에 대한 앎은 태어나기 전에 이미 영혼이 가지고 있었어야 한다는 결론이 따라 나온다. 그리고 이것은 우리의 영혼은 태어나기 전에 이미 존재해야 함을 함축한다.

같음 자체와 같은 것들의 차이를 어떻게 이해해야 하는가에 관해서는 앞서 작품 해설 부분에서 논의된 바 있으므로, 이하에서는 상기 논증에서의 상기의 성격 규정을 둘러싼 논쟁 하나를 소개하기로 한다.

전통적으로 『파이돈』에서의 상기는 감각적인 같은 것들에 대한 개별적 지각과 구분되는 같음이라는 일반개념의 형성을 설명하고 있는 것으로 해석되어 왔다. 정상적인 이성 능력을 지닌 사람은 감각적인 대상들을 지각할 때, 단순히 개별적인 지각의 단계에서 머무르는 것이 아니라, 그것들을 하나로 묶어 생각할 수 있게 해 주는 개념들을 형성하고 이것들을 개별 사례에 적용해 적절한 판단을 내릴 수 있다. 그는 같은 감각적 대상들을 보고, 그로부터 같음이라는 일반개념을 형성해 낼 수가 있다. 그런데 이러한 개념들에 대한 앎은 감각적 대상들에 대한 지각으로 환원되어 설명될 수 없는 어떤 것이다. 전통적 해석에 따르면, 『파이돈』에서의 상기는 감각적 개별자들에 대한 지각으로부터 보편적 개념으로 도약해 가는 과정을 기술하고 있는 것이다. 상기를 통해 얻어진 같음에 대한 앎은, 말하자면 '같음'의 의미에 대한 이해로 설명될 수도 있을 것이다. '같음'은 특별히 어렵거나 특이한 단어가 아니다. 우리 모두는 그 단어를 꽤 쉽게 익히며 일상적 대화 속에서 별 어려움 없이 사용할 수 있다. 이런 점에서 우리 모두는 '같음'의 의미를 잘 알고 있다고 말할 수 있다. 상기를 통해 얻어지는 앎은 이러한 일반개념의 의미에 관한 일상적인 앎이다.

하지만 전통적 해석에 도전하는 해석이 등장한다.[1] 이 해석에 따르면, 『파이돈』에서의 상기는, 전통적인 해석이 믿는 바와는 달리, 일상적인 경험판단에 적용되는 일반개념에 대한 이해를 설명하기 위한 이론이 아니다. 플라톤은 상기를 이야기하면서 우리가 목재들이나 돌들을 어떻게 같은 것으로 분류할 수 있는가를 논하고 있지 않다. 이 단계에서 상기는 아무런 역할을 하지 않는다. 플라톤은 우리가 그렇게 할 수 있다는 것을 당연한 것으로 받아들이고, 그다음 단계, 즉 같음의 이데아에 대한 철학적인 앎에 초점을 맞추고 있다. 당연한 일이겠지만, 이데아에 대한 철학적 앎은 오직 이데아의 존재를 받아들이고, 그것의 본성을 탐구하는 소수의 철학자들에게만 가능한 앎이다. 따라서 이 해석에 따르면, 『파이돈』에서의 상기는 보통 사람들이 일반적으로 가지게 되는 종류의 앎이 아니라, 소수의 철학자들만이 가질 수 있는 고도의 전문적인 앎을 설명하기 위한 이론인 것이다. 전통적 해석은 다음의 두 전제 위에 서 있다고 할 수 있다. 첫째, 상기

---

1 Scott(1995).

이론은 개념 형성을 설명하기 위한 이론이다. 둘째, 모든 사람은 어느 정도의 상기를 한다. 새로운 해석은 이 둘 모두를 오류로 간주한다.

이 새로운 해석—편의상 전문적 해석이라 부르자—의 논거 중 하나는 『파이돈』에서의 상기가 결국 이데아를 상기하는 것이고, 이데아는 보통 사람들이 일상적으로 지식을 얻게 되는 대상이 아니라는 점이다. 심미아스는 74b에서 같음 자체가 존재한다고 믿느냐는 소크라테스의 물음에 열광적인 부사구들—'맹세코'와 '굉장하게도요'—과 함께 동의를 표시한다. 그는 또 76e~77a에서 상기 논증 전체를 요약하면서, 이데아들이 존재한다는 명제와 영혼이 태어나기 전에 존재했다는 명제가 동일한 필연성을 가진다고 말한다. 즉 자신이 이데아들이 존재한다는 것에 대한 확신을 가진 정도만큼, 상기 논증을 통해서, 영혼이 태어나기 전에 존재했다는 명제에 대한 확신도 가지게 되었다는 말이다. 결국 상기 논증은 이데아의 존재를 전적으로 승인하는 소수의 철학자들을 설득하기 위한 논증으로 보이는 것이다.

전문적 해석은 상기의 조건 4가 어떻게 (유사한 것들 사이의) 상기의 필요조건인가를 쉽게 설명해 준다는 장점도 있다. 전문적 해석에 따르면, 상기는 고도의 철학적 활동이고, 이것은 감각지각의 대상과 초월적 대상 사이의 의식적인 구분을 포함한다. 그런데 이런 의식적인 구분을 하는 사람은 자연스럽게 그 두 대상을 비교하고, 우열을 평가하게 될 것이다. 반면 전통적 해석은 조건 4를 상기의 필요조건으로 만드는 데 어려움을 겪는다. 상기가 일상적 경험판단 속에서 작용하는 일반개념에 대한 이해라면, 과연 우리가 감각적 대상들로부터 그 개념을 떠올릴 때 반드시 이 둘을 서로 비교하게 되는지는 의심스럽기 때문이다.

하지만 전문적 해석에도 난점이 없는 것은 아니다. 이 해석은 상기 논증을 인간 일반의 영혼이 아닌, 소수의 철학자의 영혼에만 적용되는 논증으로 만드는 것처럼 보인다. 상기 논증은 특정한 대상에 대한 상기가 성립하기 위해서는 그것에 대한 지식이 태어나기 전에 획득되었어야 한다는 사실을 보이고, 이것을 근거로 그렇다면 영혼은 태어나기 전에도 이미 존재했었어야 한다는 점을 보이는 논증이다. 그런데 만일 상기가 인간 전체가 아닌 소수의 철학자들에게만 가능한 사건이라면, 상기 논증은 그 소수의 철학자들의 영혼이 태어나기 전에 존재함만을 증명하는 것이 되고 만다. 그러나 이런 결론은 『파이돈』 전체에 걸친 플라톤의 관심사와는 부합하지 않는 것처럼 보인다. 그는 분명 철학자만이 아니라 인간 일반의 영혼의 불멸에 대해 이야기하고 있기 때문이다.

3-3. 유사성 논증(78b~80b)

상기 논증에 대해서 심미아스와 케베스는 그것이 증명되어야 할 것의 반쪽만을 증명했음을 지적한다. 그 논변은 영혼이 태어나기 전에 존재함만을 증명했을 뿐, 죽고 난 다음에도 그것이 계속 존재함을 증명하지는 못했기 때문이다. 소크라테스는 심미아스와 케베스가, 마치 어린아이들처럼, 몸으로부터 빠져나온 영혼이 바람에 흩어져 사라져 버리는 것이 아닐까 걱정하는 것처럼 보인다고 말한다. 유사성 논증은 바로 이 우려를 불식시키기 위한 논증이다. 논증은 매우 직접적이고 단순한 구조로 되어 있다. 우선 존재하는 것들을 가시적인 종류와 비가시적인 종류의 둘로 구분하고, 그 각각이 가지는 특징들을 열거한다. 가시적인 것들은 결합적이고 결코 동일한 상태를 유지하지 못하는 반면, 비가시적인 것들은 비결합적이고 항상 동일한 상태를 유지한다. 소크라테스는 그렇다면 몸과 영혼은 각각 둘 중 어떤 종류의 것들과 유사한지를 묻고, 케베스로부터 몸은 가시적인 것들과, 영혼은 비가시적인 것들과 유사하다는 동의를 쉽게 얻어 낸다. 이로부터, 결합적인 성질을 지니는 몸은 쉽게 해체되기 마련이지만, 비결합적인 성질을 지니는 영혼은 해체되지 않고 늘 자신의 상태를 유지할 것이라는 결론이 도출된다. 따라서 우리는 죽은 뒤에 우리의 영혼이 바람에 흩어져 날아가 버리지나 않을까 하고 어린아이처럼 걱정하지 않아도 된다.

유사성 논증에 뒤이어 철학자의 영혼과 비철학자의 영혼이 사후에 겪게 되는 운명에 대한 생생한 묘사가 이어지는데

(80c~84b), 유사성 논증은 이 내용의 서론이라고 말해도 과언이 아닐 만큼, 이 부분에서 『파이돈』 전체를 관통하는 플라톤의 관심사, 즉 철학함이 영혼을 돌보는 최선의 길이라는 생각이 생동감 넘치는 비유들을 통해 표현되고 있다. 소크라테스가 강조하는 것은 어떻게 삶을 살아가느냐가 죽음 이후에 그 영혼의 운명을 결정짓는다는 것이다. 평생을 순수하고 불변하는 대상들을 탐구하는 데 힘쓴 영혼은 몸과 분리된 후에 자신과 유사한 존재들이 있는 곳으로 떠나가 그것들과 영원히 머무르게 된다. 반면 평생 몸에 속한 것들을 추구한 영혼은 몸과 유사한 성질을 가지게 되고, 가시적인 세계를 떠나지 못한 채 방황하게 된다. 『파이돈』의 다른 어떤 부분도 이 부분만큼 육적인 것에 대한 거부가 강하게 드러나지 않는다. 이 금욕주의적인 색채는 플라톤의 다채로운 비유들을 통해 표현되고 있다. 철학에 의해 정화되지 못한 영혼은 "몸 안에 꽁꽁 묶인 채 들러붙어 있고"(82e), "전적인 무지 속에서 뒹굴고 있으며"(82e), 누군가를 이런 구속 속에 빠뜨리는 것은 그 자신의 욕망이기 때문에, 사실상 그는 "자신의 구속의 조력자"(82e)인 셈이다. "모든 즐거움이나 고통은, 마치 못을 가진 듯, 영혼을 몸에 대고 못질해 박아 육체적으로 만들어서는, 몸이 그렇다고 말하는 것이면 무엇이든 참이라고 여기도록"(83d) 만든다. 육체에 결박되어 순수한 삶을 살지 못한 영혼은 순수한 상태로 하데스에 이르지 못하고 "매번 몸에 감염된 채 떠나

가야 하는"(83d) 신세가 되어 결국 "다른 몸속으로 곧바로 다시 떨어져, 마치 씨 뿌려진 듯, 뿌리를 내리게"(83e) 된다.

3-4. 심미아스와 케베스의 반론(84c~88b)

유사성 논증의 결론에 대해서 심미아스와 케베스는 각각 반론을 제기한다. 심미아스의 반론은 영혼이 일종의 조화(harmonia)라는 생각에 바탕을 두고 있다. 만일 영혼이, 마치 뤼라가 특정된 방식으로 조율되었을 때 생겨나는 조화처럼, 몸을 이루고 있는 요소들이 특정한 상태에 있을 때 생겨나는 일종의 조화라면, 몸이 소멸한 후에도 영혼이 존재하는 것은 불가능하다. 왜냐하면 설사 영혼이, 유사성 논증이 주장하는 것처럼, 비가시적이고 아름다우며 신적인 것이라 하더라도, 그것이 일종의 조화인 한, 그것은 그것을 구성하는 육체적 요소들이 해체되는 순간, 마치 뤼라가 파괴되자마자 그것의 아름다운 조화가 소멸하는 것처럼, 사라지고 말 것이기 때문이다.

케베스의 반론은 설령 심미아스가 주장하는 바와 달리 영혼은 몸에 비해 더 강하고 더 오래 지속한다는 전제를 받아들인다 하더라도 여전히 영혼의 불멸은 증명되지 않는다고 주장한다. 케베스는 이것을 직공(織工)과 그가 짜서 두른 외투의 비유를 들어 설명한다. 일반적으로 외투는 직공보다 오래가지 않는다. 하지만 직공이 죽었을 때 그가 입고 있던 외투는 직공보다 더 오래

지속했다고 말할 수 있다. 영혼과 몸의 관계에도 동일한 관계가 성립한다. 일반적으로 영혼은 몸보다 더 오래 지속한다. 하지만 영혼이 여러 몸을 거치는 동안 그것은 조금씩 닳아 갈 수 있고, 결국 마지막 몸에 이르게 되면 그것보다 먼저 소멸하게 될 수 있다. 따라서 영혼이 아무리 많은 몸을 거쳐 갈 수 있음을 보인다 한들, 그것이 전적으로 불사이고 불멸임을 증명하지 않는 한, 우리는 여전히 영혼의 소멸을 걱정해야만 할 이유가 있다.

3-5. 심미아스에 대한 답변(91c~95a)

케베스의 반론 다음으로 논변 혐오자가 될 위험성에 관한 짧은 막간 대화가 이어진다(88c~91c). 소크라테스는 이어서 심미아스의 반론에 대한 답변을 제시한다. 우선 그는 상기 논증의 결론과 영혼이 조화라는 주장은 양립 불가능함을 지적한다. 상기 논증에 따르면 영혼은 몸과 결합하기 전에 이미 존재했었어야 한다. 하지만 영혼이 조화라는 주장은 그 사실과 충돌한다. 왜냐하면 영혼이 몸의 구성 요소들이 특정한 방식으로 결합했을 때 생겨나는 어떤 것이라면, 몸이 형성되기 전에 영혼이 존재하는 것은 불가능하기 때문이다. 다음으로 소크라테스는 영혼이 조화라는 주장에 내포된 두 가지의 문제점을 보다 직접적으로 노정한다. 그의 첫 번째 논증의 골자는 다음과 같다. 조화는 정도의 차이를 받아들이는 반면, 영혼은 그렇지가 않다. 즉, 조화에 관해서는 더나 덜 조화되어 있음을 이야기할 수 있는 반면, 하나의 영혼이 다른 영혼에 비해 더나 덜 영혼이라고 말할 수 없다. 따라서 '영혼=조화'라는 규정은 성립될 수 없다. 논증의 세부 내용은 다소 복잡한데, 그것을 좀 더 상세히 분석해 보면 다음과 같다. 논증은 기본적으로 귀류 논증의 성격을 지닌다.

H(전제) : 영혼은 조화이다.

P1. 하나의 영혼은 다른 영혼에 비해 더나 덜 영혼이지 않다(93b4~6).

P2. 어떤 영혼은 지성과 덕을 지닌 훌륭한 영혼인 반면, 어떤 영혼은 무지와 악덕을 지닌 나쁜 영혼이다(93b8~c1).

P3. 훌륭한 영혼은 조화되어 있는 영혼이고 나쁜 영혼은 조화되어 있지 않은 영혼이다(93c6~8).

P4. 하나의 조화는 다른 조화에 비해 더나 덜 조화이지 않다(93d1~4 : H, P1).

P5. 더나 덜 조화가 아닌 것은 더나 덜 조화되어 있지 않다(93d6~7).

P6. 더나 덜 조화되어 있지 않은 것은 조화를 더나 덜 가지지 않는다 (93d9~10).

P7. 어떤 영혼도 다른 영혼에 비해 더나 덜 조화되어 있지 않다(93d12~ e3 : H, P4, P5).

P8. 어떤 영혼도 다른 영혼에 비해 조화를 더나 덜 가지지 않는다 (93e4~6 : P6, P7).

P9. 어떤 영혼도 다른 영혼에 비해 훌륭함이나 나쁨을 더 가지지 않는다(93e7~9 : P3, P8).

P10. 모든 살아 있는 것들의 영혼은 똑같이 훌륭하다(94a8~11 : P9).

결론 : P2와 P10이 충돌하므로 H는 거짓이다.

소크라테스의 두 번째 논증은 영혼이 몸에 속한 것들을 통제할 수 있다는 사실에 호소한다. 인간에 속한 모든 것들 중에 무엇을 다스린다고 말할 수 있는 가장 적절한 대상은 영혼, 그중에서도 현명한 영혼이다. 이 점은 몸으로부터 비롯하는 많은 상태들에 현명한 영혼이 저항하고 그것들을 다스리기까지 한다는 사실에서 분명히 드러난다. 예를 들어, 현명한 영혼은 열과 갈증이 있는 상태에서 마시지 않음으로, 허기가 진 상태에서 먹지 않음으로 우리를 끌어당긴다. 그런데 이런 일들은 앞서 조화 이론이 함축하는 바, 즉 영혼은 그것을 구성하는 것들과 어긋나는 일을 하거나 겪지 않고, 그것들을 따를 뿐 결코 지배하지 않는 것과 충돌한다.

영혼이 조화라는 이론에 비판적이었던 것은 아리스토텔레스도 마찬가지였다. 그는 『영혼론』 I.4에서 조화 이론에서의 '조화'가 의미할 수 있는 두 가능성을 검토한 뒤, 그 이론이 어떤 의미를 채택하고 있건 그것은 합당한 이론일 수 없다고 말한다(408a9~10). 그 두 의미는 구성 요소들의 결합(synthesis) 혹은 그것의 결합 비율(logos)이다. 아리스토텔레스가 보기에 두 의미 중 더 주된 것은 전자로, 그것은 어떤 것이 같은 종류의 다른 것이 침투할 수 없도록 잘 어우러져 있을 때의 상태를 가리킨다. 하지만 영혼을 몸의 부분들의 이러한 결합으로 보는 견해는 매우 반박되기 쉬운 견해이다(408a10~11). 몸의 부분들이 결합되는 다양한 방식들이 존재하는데, 과연 그중 어떤 것들의 결합이 혼의 지성적인 부분이고, 감각적인 부분이고, 욕구적인 부분이란 말인가? 또 다른 가능성, 즉 조화를 결합의 비율로 이해하는 것도 터무니없기는 마찬가지이다(408a13). 살을 이루는 요소들과 뼈를 이루는 요소들은 섞이는 비율이 서로 다른데, 그렇다면 온몸에 걸쳐서 많은 영혼들이 존재하게 될 것이다. 몸의 각 부분들은 요소들의 혼합인데, 각각의 경우 그 혼합의 비율이 바로 어우러짐, 즉 혼이기 때문이다.

아리스토텔레스는 부분적으로만 전해지는 『에우데모스』에서도 조화 이론을 비판하고 있다. 그는 두 개의 논변을 제시하는데, 그중 하나는 다음과 같은 것이다. 생물이 조화를 결여한 상태는 병, 약함, 그리고 추함이다. 이 중 병은 요소들(ta stoicheia)이 조화되지 않은 상태인 반면, 약함과 추함은 각각 동질적인 부분들(ta homoiomera)과 기능적인 부분들(ta organika)이 조화되지 않은 상태이다. 이제 조화를 결여한 상태가 병, 약함, 추함이라면, 조화되어 있는 상태는 건강, 강함, 그리고 아름다움이 될 것이다. 그런데 영혼은 이들 중 어떤 것도 아니다. 따라서 영혼은 조화가 아니다.

나머지 하나의 논변은 다음과 같은 구조를 가진다.

1. 조화는 반대항, 즉 조화되지 않음을 가진다.
2. 영혼은 반대항을 가지지 않는다.
3. 따라서 혼은 어우러짐이 아니다.

『파이돈』에서의 논증에서의 '더나 덜 X이지 않다'가 '반대항을 가진다'로 대체되고 있다는 점을 제외하면, 두 작품에서의 논증이 기본적으로 유사한 구조를 지님을 확인할 수 있다. 이것은 『에우데모스』의 논증이 『파이돈』에서의 그것을 염두에 둔 것이라는 고대 주석가들의 보고와도 잘 부합한다.

3-6. 마지막 논증(96a~107b)

케베스의 반론에 대해서, 소크라테스는 그것이 생성, 소멸, 존재의 원인(aitia) 일반에 관한 논의를 필요로 한다고 말하면서, 자신이 젊은 시절 겪었던 지적 여정을 이야기하기 시작한다. 이 지적 여정의 기록은 그것에 이어지는 마지막 논증 자체보다도 오히려 더 유명한 내용이다. 이 내용은 아리스토텔레스의 4원인설을 상당 부분 선취하고 있고, 블라스토스에 의해서 "서구 자연

철학의 거대한 전환점 중 하나"로 간주되기도 했다.[2] 이하에서는 우선 전체 내용을 간략히 요약한 후, 몇몇 주요한 논쟁점들을 상론해 보도록 하겠다. 젊은 시절 소크라테스는 자연학자들이 추구하는 종류의 원인들을 열정적으로 추구했다. 하지만 그 과정에서 그가 얻은 것은 전적인 혼란과 자신의 재능 없음에 대한 자각뿐이었다. 그러던 중 소크라테스는 지성(nous)이 만물을 질서 짓는다는 아낙사고라스의 주장에 대해 듣게 된다. 소크라테스는 마침내 자신이 원하는 원인을 알려 줄 사람을 찾았다는 희망을 갖게 된다. 하지만 아낙사고라스는 그를 실망시킨다. 아낙사고라스는 지성이 만물을 질서 짓는다고 말하면서도, 정작 개개의 사태에 대한 원인을 이야기할 때는 다시 자연학자들이 대는 종류의 원인들을 대고 있었기 때문이다. 소크라테스는 결국 자신이 스스로의 힘으로 원인을 찾는 두 번째 항해를 떠날 수밖에 없었다고 말한다. 그가 말하는 두 번째 항해는 가정의 방법을 사용하는 것이었다. 즉 가장 강하다고 생각되는 명제를 참이라고 가정하고, 그것과 부합하는 것은 참으로, 그렇지 않은 것은 거짓으로 간주하는 것이다. 그는 우선 이데아들이 존재한다는 명제를 가정으로 세운다. 그리고 다음으로 F의 이데아를 제외한 모든 F인 것은 F의 이데아를 나누어 가짐으로써 F라는 성질을 가지게

2 Vlastos(1969), 297쪽.

된다는 가정을 추가로 세운다. 이 두 가정의 안전성에 근거해서, 그는 그가 의지할 수 있는 단순하지만 확실한 종류의 원인을 확보하게 된다. 모든 F인 것은 F의 이데아에 의해서 F이게 된다. 하지만 소크라테스는 이 단순하고 안전한 원인으로부터 한 발짝 더 나아간다. 그는 F 자체는 아니지만 항상 F라는 성질을 가지고 F와 반대되는 것을 받아들이지 않는 것들에 주목한다. 셋은 홀 자체는 아니지만 항상 홀이라는 성질을 가지고 결코 짝을 받아들이지 않는다. 눈은 차가움 자체는 아니지만 항상 차가움이라는 성질을 가지고 결코 뜨거움을 받아들이지 않는다. 소크라테스는 이제 또 다른 종류의 안전한 원인이 확보되었다고 말한다. 왜 어떤 것은 홀이고 어떤 것은 차가우냐는 물음에 대해서, 홀의 이데아와 차가움의 이데아 때문이라고 답하는 것 못지않게, 그 각각을 차지한 셋과 눈 때문이라고 답하는 것도 안전한 답이기 때문이다. 그는 이 세련되면서도 안전한 원인을 영혼과 삶의 관계에 적용한다. 영혼은 삶 자체는 아니지만, 그것이 차지한 것에 항상 삶을 가져온다. 이것은 영혼 자체가 항상 삶이라는 성질을 가짐을 의미한다. 즉 영혼은 불사이다. 그런데 불사인 것이 불멸하지 않는다면 불멸한다고 할 것이 전혀 없을 것이다. 따라서 영혼은 불사일 뿐만 아니라 불멸한다.

3-6-1. 자연학자들의 원인의 문제점

소크라테스는 자연학자들이 추구하는 원인을 탐구하다가, 자신이 그런 종류의 탐구에는 도대체가 전혀 소질이 없다는 결론에 도달했다고 말한다. 그는 그 증거로 그가 이런 탐구의 과정에서 완전히 눈이 멀어 버려서, 심지어 자신이 이전에 분명히 알고 있다고 생각했던 것들조차도 더 이상 알지 못하게 되어 버렸다는 점을 댄다. 하지만 소크라테스의 이 발언을 액면 그대로 받아들여서는 안 될 것이다. 이후의 논의들을 염두에 둘 때, 문제는 소크라테스 본인에게 있는 것이 아니라, 자연학자들이 추구하는 종류의 원인 자체에 있는 것이기 때문이다. 소크라테스의 눈멂은 자신이 잘 알고 있다고 확신했던 것들에 대해 더 이상 확신할 수 없게 된 상태를 의미한다. 하지만 소크라테스에게 있어서 이것은 결코 부정적인 상태가 아니다. 오히려 그것은 자연학자들이 아무런 의심 없이 받아들이고 있는 원인 설명에 근본적인 문제가 있다는 사실에 대한 자각을 의미한다. 따라서 소크라테스의 눈멂은 사실상 그가 『소크라테스의 변명』에서 '인간적인 지혜'(23a)라고 불렀던 것, 즉 자기 자신의 무지를 인지하고 있다는 의미에서의 지혜의 표현이라고 할 수 있을 것이다. 소크라테스가 자연학자들의 원인 설명에서 발견한 문제점이 정확히 무엇이었는가에 대해서는 조금 뒤에 다시 논의하도록 하겠다.

또 한 가지 우리가 주목해야 할 점은 소크라테스가 자신의 눈멂을 자연학자들의 탐구 방식 일반의 문제와 연관시키고 있다는 사실이다. 그는 자신이 "이 탐구 방법을 따라서는"(kata touton ton tropon tēs methodou)(97b6), 어떤 것에 대해서도 그것이 왜 생겨나고, 소멸하고, 존재하는지를 안다고 확신할 수가 없었다고 말하고 있다. 그는 자연학자들의 문제가 근본적으로 그들이 원인을 탐구하는 방법 자체에 있음을 이야기하고 있는 것이다. 조금 뒤에 다시 논의되겠지만, 이 깨달음은 소크라테스의 지적 여정의 전개 과정을 이해하는 데 매우 중요한 단서가 된다.

3-6-2. 아낙사고라스에 대한 기대와 실망

소크라테스가 아낙사고라스의 주장, 즉 지성이 모든 것의 원인이라는 말을 들었을 때 그는 즉각 그렇게 되는 것이 좋은 일로 생각되었다고 말한다. 왜 그 주장은 소크라테스에게 좋은 일로 생각되었을까? 갤롭은 그 이유가 그 주장이 소크라테스의 지성에 어필했기 때문이었다고 설명한다. 그리고 그것이 그의 지성에 어필한 이유는 그것이 모든 것을 다른 어떤 지성의 작용으로서 이해할 수 있다는 희망을 주었기 때문이라고 말한다.[3] 하지만 우리는 세계를 지성의 작용으로 설명하는 것이 왜 매력적인 것이 될 수 있는지를 여전히 물을 수 있다. 한 가지 가능한 답은

3 Gallop(1975), 174쪽.

이런 것이다. 그러한 설명은 세계가 가능한 최선의 상태에 있음을 우리에게 말해 주고, 어떤 점에서 그러한지를 알려준다. 세계의 모든 변화와 상태가 지성의 작용에 의해 그렇게 되도록 정해진 것이라면, 지성은 모든 것을 최선의 상태로 있도록 할 것이기 때문에, 그 모든 변화와 상태는 일어날 수 있는 최선의 일일 것이다. 그리고 지성을 통한 설명은 그것이 왜 최선인지를 우리에게 알려 줄 것이다. 분명, 우리가 가능한 최선의 세계에 살고 있음을 약속하는 이론은 우리에게 희망을 주고 만족을 줄 수 있을 것이다.

지성을 통한 아낙사고라스의 설명이 제공하는 이러한 장점을 부인할 필요는 없을 것이다. 하지만 소크라테스의 희망 속에는 더 깊은 의미가 담겨 있는 듯하다. 지성을 통한 설명은 세계를 어떤 통일된 질서 속에서 파악할 수 있게 해 준다는 것이다. 우리는 99c5에서 '좋음'이 만물을 묶어 주고 유지해 주는 '묶음'(deon)과 동일시된다는 점에 주목할 필요가 있다. 플라톤이 묶음의 이미지를 애용한다는 것은 잘 알려진 사실이다. 예를 들어, 『메논』98a에서는 올바른 의견과 지식이 구분되면서, 전자는 원인에 대한 설명(aitias logismos)으로 묶일 때에만 비로소 후자가 될 수 있다고 이야기된다. 『국가』519e~520a에서는 법률의 관심사가 시민들을 잘 활용해서 국가를 하나로 묶는 데 있다고 이야기된다. 『티마이오스』41a~b에서는 데미우르고스가 천체들을 향해서, 그것들은 자신의 의도라는 더욱 강력하고 지배적인 묶음(tēs emēs boulēseōs meizonos eti desmou kai kuriōterou)의 지배하에 있다고 말한다. 이 중 특히 『티마이오스』에서의 묶음과 『파이돈』에서의 묶음, 즉 만물을 함께 묶고(sundein) 결합시키는(sunechein)(99c6) 지성의 묶음의 연관성은 명백하다. 둘 모두 하나의 지적인 존재자에 의해서 가능해지는 세계의 통일성 혹은 통합성을 이야기하고 있기 때문이다. 만물의 운행과 상태를 관장하는 이성적 존재를 상정하는 것은, 세계의 질서와 통합성을 이해 가능한(intelligible) 것으로 만드는 하나의 방법이다. 이것은 다종다양한 현상들이 수렴되게 될 하나의 고정점을 부여하고, '좋음'이라는 일관된 아이디어로 그것들을 연결시킨다.

만일 소크라테스가 아낙사고라스에게 위와 같은 설명을 기대한 것이었다면, 그가 왜 실망을 하게 되었는지도 자연스럽게 설명된다. 소크라테스는 아낙사고라스로부터, 어떻게 세계가 그저 독립적으로 일어날 뿐인 낱낱의 사태의 집적체가 아니라, 모두가 서로 연관되어 있는 하나의 전체를 구성하고 있는가를 보여주는 설명을 기대했다. 하지만 "공기와 아이테르와 물과 그 밖의 이상한 것들"(98c)을 통한 원인 설명은, 주어진 사태를 어떤 한정된 범위 내에서 설명하려 하고 있을 뿐, 그것을 세계 전체를 관통하는 하나의 통일적 원리와 관련해서 설명하려 하지 않는다. 그 사태에 대한 진정한 원인 설명은 그 사태가 왜 그럴 수밖에 없는가를, 세계 전체의 통일적 원리와 관련해서, 충분히 이해 가능한 것으로, 설명할 수 있어야 한다. 하지만 자연학자들의 원인들은 이 통합적 원리를 고려하지 않고, 한정된 범위 내에서, 물질적 상태들 간에 성립하는 어떤 강제적인 힘들로 주어진 사태를 설명하려 한다. 소크라테스가 보기에 그것은 진정한 원인이 아니라, 그 원인의 실현에 필요한 물질적 조건들을 대는 것에 불과한 것이다.

3-6-3. 두 번째 항해

아낙사고라스에게 걸었던 기대가 실망으로 바뀌자, 소크라테스는 스스로 자신이 원하는 종류의 원인을 발견할 수도 없었고 다른 사람으로부터 배울 수도 없었기 때문에, 원인의 탐구에 있어서 '두 번째 항해'(deuteros plous)를 수행하지 않을 수 없었다고 말한다. 그렇다면 그의 지적 여정에서 두 번째 항해는 정확히 무엇을 가리키는 것인가? 일단 '두 번째 항해'라는 비유 자체의 의미에 주목해 보자. 'deuteros plous'는 바람이 불지 않을 때 노를 저어 항해하는 것에서 유래한 표현이다. 노를 젓는 수고스러운 항해 방식은 순풍에 의지해 힘을 들이지 않고 항해할 수 없을 때 불가피하게 사용하게 되는 차선의 방식이다. 따라서 'deuteros plous'는 일반적으로 최선의 방법에 대비되는 차선책을 의미하게 된다.

그렇다면 소크라테스의 지적 항해에서 차선책에 해당하는 것은 무엇인가? 이 물음은 자연스럽게 그 차선책과 대비되는 최선책이 무엇인가의 물음과 연관되어 있다. 그렇다면 그가 염두에 두고 있는 최선책은 무엇인가? 그가 두 번째 항해를 할 수밖에 없었던 이유가 아낙사고라스로부터 그가 원했던 목적론적 원인 설명을 들을 수 없었기 때문이었고, 그가 두 번째 항해의 결과로 제시하게 될 것이 이데아를 통한 원인 설명임을 고려하면, 즉각적으로 떠오르는 답은 이런 것이다. 소크라테스가 염두에 두고 있는 최선책은 목적론적 원인 설명이며, 그가 불가피하게 취한 차선책은 이데아를 통한 원인 설명이다. 이 해석이 옳다면, 결국 소크라테스의 두 번째 항해는 이데아를 통한 원인 설명으로의 항해이고, 그것에 대비되는 첫 번째 항해는 지성을 통한 목적론적 설명으로의 항해가 되는 셈이다.

하지만 실제 텍스트의 내용 전개는 이렇게 단순하지가 않다. 왜 그러한가를 살펴보기 전에, 우선 두 번째 항해와 관련된 논쟁거리 하나를 검토해 보도록 하자. 문제는 이런 것이다. 두 번째 항해를 떠나는 대목에서 소크라테스는 목적론적 원인 설명을 포기한 것인가? 최소한 『파이돈』 내에서는 그렇다는 것이 블라스토스 같은 학자의 견해이다.[4] 소크라테스는 99c8~9에서 자신이

---

4   Vlastos(1969).

'두 번째 항해'를 수행할 수밖에 없었던 원인을 "그것을 박탈당했고(tautēs esterēthēn) 그것을 스스로 발견할 수도 다른 사람으로부터 배울 수도 없게 되었기 때문"이라고 말하고 있다. 그런데 여기서 '그것'(tautēs)이 가리키는 것은 바로 앞 문장(99c7)의 '그러한 원인'(tēs toiautēs aitias)이라고 볼 수밖에는 없고, '그러한 원인'은 문맥상 바로 앞에 나오는 진정으로 좋고 묶는 것을 통한 설명일 수밖에는 없다. 블라스토스가 보기에, 이것은 소크라테스가 목적론적 원인 설명을 포기했음을 보여 주는 증거이다. 두 번째 항해 이후의 어느 부분에도 목적론적 원인 설명이 나타나지 않는다는 사실도 이 점을 뒷받침한다.

반면 소크라테스가 『파이돈』 내에서 목적론적 원인을 완전히 포기하지 않고 있다고 보는 입장도 있다.[5] 이 입장을 지지하는 학자들은 특히 99d3~99e6에 등장하는 태양을 관찰하는 사람의 비유에 큰 의미를 둔다. 플라톤의 저작들에 조금이라도 친숙한 사람이라면, 이 비유로부터 『국가』에서의 저 유명한 태양의 비유(508a~509a)를 자연스럽게 연상하게 될 것이다. 『국가』에서 태양은 모든 인식과 진리의 근원인 좋음의 이데아에 대한 비유로 등장한다. 좋음의 이데아가 최상의 이데아라는 주장은, 그 정확한 취지가 무엇이든, 세계 질서의 근원적 원리로서의 목적론과 그

5　e.g. Dorter(1982).

질서에 대한 올바른 설명 방식으로서의 목적론적 설명을 옹호하고 있는 것이다. 따라서 이 태양이 바로 『파이돈』 99d3~99e6에서의 태양이라면, 소크라테스는 『파이돈』 내에서 목적론적 원인 설명을 포기한 것이 아닌 셈이다. 오히려 저 두 태양이 같은 의도로 내포하는 것이라면, 그는 명시적으로 자신이 아낙사고라스가 제공하지 못한 목적론적 설명을 향해, 좀 더 구체적으로는 이데아들의 위계 속에서 최상위에 위치하는 좋음의 이데아를 향해 항해하고 있음을 천명하고 있는 셈이다. 만일 이 해석이 옳다면, 소크라테스가 "사물들"(99e3), "있는 것들"(100a2)로 부르고 있는 것들은 단순히 중립적인 의미에서의 객관적 사태 혹은 진리가 아니라, 목적론적 질서 속에 있는 이데아들을 지칭하는 것으로 볼 수 있을 것이다.

하지만 『파이돈』에서의 태양이 이미 『국가』에서의 태양을 선취하고 있다는 주장은 조금 지나쳐 보인다. 물론 『파이돈』을 쓸 무렵 이미 플라톤이 그가 『국가』에서 개진하고 있는, 목적론적 설명으로의 장대한 상승 과정을 이미 구상하고 있었을 가능성을 전적으로 배제할 수는 없다. 하지만 이 구상이 『파이돈』의 텍스트 자체에 담겨 있다고 주장하는 것은 또 다른 문제이다. 이 주장을 뒷받침하기에는 그 근거가 너무 미미해 보인다. 『국가』에서는 태양이 왜 인식과 존재의 궁극적 원리인 좋음의 이데아에 대한 비유가 되는지가 분명히 설명된다. 그 이유는 태양이 빛을 통해 존재하는 것들을 보이는 것으로 만들고, 또한 그것들을 생겨나고 자라나게 하는 것이기 때문이다. 하지만 『파이돈』에서는 태양을 그런 식으로 해석할 어떤 구체적인 텍스트상의 단서도 발견되지를 않는다. 오히려 우리가 『파이돈』에서의 태양의 비유와 관련해서 주목해야 할 것은 다음과 같은 점이다. 이 비유에서 강조되고 있는 점은 태양이 존재하는 것들과 어떤 관련을 가지느냐에 있느냐가 아니라, 그것이 그것을 관찰하는 사람에게 어떤 부정적인 영향을 미칠 수 있느냐에 있다. 태양은 그것을 직접 관찰하는 사람의 눈을 상하게 할 수 있다. 결국 이 비유의 핵심 포인트는 태양 자체의 성격이 아니라, 그것을 바라보는 방법에 있다. 소크라테스는 태양을 관찰하는 사람이 눈이 멀지 않기 위해서 반드시 그것의 상을 통해서 관찰해야 하는 것처럼, 원인을 탐구하는 과정에서 눈이 멀지 않기 위해서, 로고스들로 도피해 그것들 안에서, 관련된 진리를 탐구하겠다고 결심했다고 이야기한다. 여기서 소크라테스의 주된 관심은 눈멂의 방지이며, 태양의 비유는 그것을 방지하기 위한 탐구의 방법을 강조하고 있는 것이다.

이러한 논의를 통해 자연스럽게 드러나는 것은 다음과 같은 사실이다. 소크라테스의 두 번째 항해는 일차적으로, 방법론적 전회(methodological turn)로 보아야 한다. 즉 그 항해는 목적론적 원인 설명과 대비되는 이데아를 통한 원인 설명으로의 항해라기보다는, 자연학자들과 아낙사고라스가 범한 방법론적 오류와 대비되는 새로운 탐구의 방법을 사용하는 항해로 보아야 한다는 것이다. 이 전회는 자연학자들과 아낙사고라스가 원인의 탐구에 있어서 동일한 오류에 빠졌다는 사실, 그리고 그 오류는 동일한 방법론적 문제에서 유래한다는 사실에 대한 자각에서 비롯된다. 한마디로 그들의 탐구 방법은 탐구자를 눈멀게 하는 것이다. 이 눈멂은 자연학자들 방식의 원인 설명이 필연적으로 초래할 수밖에 없는 눈멂이자, 아낙사고라스가 올바른 통찰에도 불구하고 각론에서 실패할 수밖에 없게 만든 눈멂이다. 그렇다면 이 눈멂은 어디에서 비롯하는 것인가? 로고스들 안에서의 탐구가 그것을 방지하게 한다는 점이 그 답의 단서를 제공한다. 문제의 눈멂은 궁극적으로, 사태의 진상을 감각을 통해 파악하려고 하는 것에서 비롯하는 것이다.

우리는 감각을 통해서는 진리를 파악할 수 없다는 명제가 『파이돈』 전편을 관류하는 주제임을 상기할 필요가 있다. 특히 65a10~68a2의 내용 전체는 사실상 감각에 대한 비판에 전적으로 할애되고 있다고 해도 과언이 아니다. 감각을 통한 앎은 정확하지도 명확하지도 않다(mē akribeis mēde sapheis)(65b5). 감각을 통해 인식한다는 것은 육체적 요소의 개입을 의미하는데, 몸은 영혼 자체만으로 진상을 파악하는 데 방해 요인으로 작용할 뿐이다. 따라서 지혜를 추구하는 사람은 가능한 한 몸의 영향으로부터 영혼을 벗어나게 하려고 노력한다. '감각을 통한'과 그 밖의 유사한 표현들은 다음의 여러 구절들과 대조된다. '추론함 속에서'(en to logizesthai)(65c2), '사유함 속에서'(en to dianoesthai)(65e8), '추론과 함께'(meta tou logismou)(66a1), '사유를 사용해서'(tēi dianoia chromenos)(66a6), '이성과 함께'(meta tou logou)(66b3).

감각과 이성의 대비가 『파이돈』의 일관된 주제 중 하나임을 염두에 둔다면, 소크라테스가 원인 설명과 관련해서 감각을 통한 탐구의 위험성을 지적하는 것은 자연스럽다. 그리고 이것은 태양의 비유에도 말끔히 들어맞는다. 태양을 직접 바라보는 것은 우리를 눈멀게 한다. 따라서 우리는 태양의 상을 통해서 그것을 바라보아야 한다. 이때 태양의 상에 대응하는 것이 로고스이고, 이 로고스를 통해서 탐구하는 것은 감각을 통해 탐구하는 것과 대비되는 것이며, 감각을 통한 탐구는 그 비유에서 태양을 직접 바라보는 것에 대응하는 것이다. 그렇다면 원인 설명과 관련해서 감각의 사용은 정확히 어떤 문제점을 발생시키는가? 이 문제에 대한 답은 조금 뒤로 미루도록 하자. 일단 이 시점에서는 다음과 같은 점을, 잠정적으로, 확인하는 것으로 충분할 것이다. 99d3~99e6에서 대조점은 목적론적 설명과 이데아론적 설명 사이가 아니라, 감각을 통한 탐구와 로고스들 안에서의 탐구 사이에 놓여 있다. 두 번째 항해의 포인트는 원인에 대한 탐구에서 눈멀지 않기 위해서 우리는 감각을 통해서가 아니라 로고스들 안에서 탐구를 진행해야 한다는 것이다.

지금까지의 논의가 올바른 방향으로 진행되어 왔다면, 소크라테스의 '두 번째 항해'에는 아이러니가 포함되어 있는 셈이다. 즉 그의 두 번째 항해는 진정한 의미에서의 차선책이 아니라, 오직 상식적이고 잘못된 견해의 관점에서 보았을 때의 차선책인 것이다. 자연학자들은—아낙사고라스를 포함해서—사태의 원인을 감각적 대상들 속에서 발견하려 한다. 이런 태도는 감각적 대상들이 진정으로 존재하는 것이고, 따라서 감각을 통해서 사태의 진상이 드러난다는 일반인들의 상식과 연결되어 있다. 이들의 생각으로는, 감각을 통해 감각적 대상들을 관찰함으로써 진리를 포착하는 것이야말로 객관적 사태를 직접적으로 파악하는 것에 다름 아니다. 하지만 소크라테스는 이런 식의 탐구가 탐구자의 눈을 멀게 할 수 있다는 점을 지적한다. 그리고 이를 방지하기 위해서 사태를 로고스들 안에서 탐구하는 두 번째 항해를 수행했다고 말한다. 일견, 로고스들 안에서의 탐구는 사태에 대한 직접적 탐구를 대신하는 간접적 탐구이고, 이 점에서 그것은 첫 번째 항해가 아닌 두 번째 항해인 듯 보인다. 하지만 소크라테스는 곧바로 자신의 비유에 오해의 소지가 있음을 지적한다. 로고스들 안에서 사물을 탐구하는 것이 사물의 사태들(ergoi)안에서 탐구하는 것보다 더 상을 통한—즉 간접적인—탐구인 것은 아니라고 말하고 있는 것이다. 여기서 소크라테스가 'ergoi'라 부르고 있는 것은, 상식적인 견지에서 직접적으로 관찰되는 여러 사태들, 즉 감각을 통해서 포착되는 사태들을 의미할 수밖에 없다. 결국, 소크라테스는 감각적인 대상들에 대한 감각적 파악이 로고스를 통해 파악되는 대상들을 로고스들 안에서 파악하는 것보다 더 직접적이라는—혹은 후자가 더 간접적이라는—일반적 상식은 잘못된 것임을 지적하고 있는 것이다. 따라서 소크라테스의 두 번째 항해는, 상식적 견지에서 본 차선책일 뿐, 진정한 의미에서의 차선책은 아닌 것이다. 오히려 그것은 상식적 견지에서의 최선의 탐구가 초래하는 불가피한 문제점을 극복할 수 있는 사실상 최선의 탐구 방법인 것이다.

이 새로운 탐구의 귀결점이 무엇인가에 대해 소크라테스는 시작부터 확정적으로 이야기하지 않는다. 아니 오히려 이런 식으로 이야기하는 것은 두 번째 항해를 촉발한 정신에 어긋나는 일이 될 것이다. 소크라테스에게 있어 두 번째 항해는, 자연학자들과 아낙사고라스가 빠져 버린 공통된 함정에 대한 반성에서 촉발된 것이다. 그가 보기에 그들은 공히, 감각이 야기하는 착오를 완전히 차단하지 못함으로써 진리에서 벗어나고 말았다. 따라서 그는 이제부터, 앞으로의 탐구가 어디로 그를 인도하든, 감각을 사용하지 않고 오직 로고스들 안에서 탐구를 진행해 나갈 것이라는 한 가지 점에 극도로 주의를 기울일 것을 다짐하고 있는 것이다. 결국, 두 번째 항해는 어떤 특정한 목적지를 전제로 하고 출발한 항해가 아니다. 목적지가 실질적으로 고정되어 있지 않은 항해에 있어서, 핵심적인 문제는 '어디로'가 아닌 '어떻게'가 된다. 그리고 이 경우 '제대로 도달함'의 성격 자체도 달라진다고 말할 수 있다. 출발 이전에 이미 확정된 어떤 장소에 도달하게 됨으로써 제대로 도달하게 되는 것이 아니라, 제대로 된 항해를 통해 도달하게 된 장소가 바로 제대로 된 도달점이 되기 때문이다. 두 번째 항해의 선언과 함께, 이제 논의의 초점은 '어떻게'의 문제, 즉 탐구의 방법의 문제에 맞추어지게 된다.

3-6-4. 가정의 방법에서의 '부합함'

소크라테스의 두 번째 항해는 결국 가정의 방법을 통한 탐구이다. 그리고 가정의 방법의 핵심은 가장 강하다고 판단되는 말(logos)을 가정으로 놓고, 그것에 부합하는(symphonei) 것은 참으로, 그렇지 않은 것은 거짓으로 판정하는 것이다(100a5~6). 그렇다면 가설의 방법의 성격을 이해하기 위해서 무엇보다 중요한 것은 '부합함'의 의미를 확정하는 것이 된다. 로빈슨은 그의 고전적인 저서[6]에서 이 문제를 다루고 있다. 그는 두 개의 유력한 후보로 '도출 가능성'(deducibility)과 '일관성'(consistency)을 검토한

---

6 Robinson, R.(1953).

다. 일단 가장 강한 말—이 문맥에서는 명제로 보는 것이 적절할 것이다—과 부합하는 것을 참으로 놓는다는 구절에 대해서는, 도출 가능성이 일관성보다 더 적절한 해석을 제공하는 것으로 보인다. 참인—혹은 그럴 가능성이 가장 높은—명제로부터 연역적으로 도출되는 명제를 참으로 상정하는 것은 합당해 보이는 반면, 그러한 명제와 일관된다는 이유만으로 어떤 명제를 참으로 간주하는 것은 부당해 보이기 때문이다. 하지만 가장 강한 명제와 부합하지 않는 명제를 참이 아닌 것으로 놓는다는 구절과 관련해서는 상황이 정반대이다. 즉 이 경우는 도출 가능성보다는 일관성이 더 적절한 해석을 제공하는 것처럼 보인다. 가장 강한 명제로부터 연역적으로 도출되지 않는다는 이유만으로 어떤 명제가 참이 아니라는 판단을 내리는 것은 부당해 보이는 반면, 가장 강한 명제와 일관되지 않은 명제를 참이 아닌 것으로 간주하는 것은 타당해 보이기 때문이다. 결국, 도출 가능성과 일관성 모두 100a5~6에서의 '부합함'에 일관된 해석을 제공하는 데 실패한다. 로빈슨은 플라톤이 염두에 두고 있었던 것은 도출 가능성과 일관성의 혼합이었을 것으로 추정한다. 즉, 가장 강한 가정으로부터 도출될 수 있는 명제들은 참으로 놓고, 그것과 일관되지 않는 명제는 거짓으로 놓는다는 것이다.

그렇다면 '부합함'이 가정의 방법과 관련해서 논의되는 또 하나의 구절, 101d3~5는 어떻게 해석해야 하는가? 여기에서 소크라테스는, 100a5~6에서와 달리, 가정과 그것의 귀결들의 논리적 관계가 아니라, 가정의 귀결들 사이의 논리적 관계에 대해 이야기하고 있다. 그 귀결들이 서로 부합하는 한, 가정 자체에 대한 문제 제기에는 답할 필요가 없다. 반면 그 귀결들이 서로 어긋난다면(diaphōnein), 그때는 가정 자체를 정당화해야 할 이유가 발생한다. 이때의 부합함은 도출 가능성보다는 일관성으로 해석하는 것이 보다 적절해 보인다. 일단 최초의 가정에 부합하는—즉 위의 해석에 따르면 그것으로부터 도출 가능한—명제들이 서로 도출 가능할(해야 할) 필연성은 없다. 따라서 그 명제들이 서로 도출 가능하지 않다고 해서 최초의 명제를 추가적으로 정당화해야 할 이유가 발생하지는 않는다. 반면 그 명제들의 일관성의 경우는 사정이 다르다. 만약 최초의 가정의 귀결들이 일관적이지 않다면, 즉 그것들 사이에 모순이 발생했다면, 가정 자체의 참을 문제 삼는 것이 충분히 합당한 일로 보이기 때문이다.

3-6-5. 원인으로서의 이데아

소크라테스는 이데아들이 존재한다는 명제를 최초의 가정으로 세운다. 그리고 F의 이데아를 제외한 모든 F인 것은 F의 이데아를 나누어 가짐으로써 F라는 성질을 가지게 된다는 가정을 추가로 세운다. 그는 이 두 가정의 귀결로 얻게 된 원인 설명, 즉 모든 F인 것은 F의 이데아에 의해서 F이게 된다는 것이 가장 안전한 종류의 것임을 강조한다. 그렇다면 그 설명은 과연 어떤 점에서 안전한 것인가? 이 물음은 왜 소크라테스가 자연학자들의 원인과 아낙사고라스에게 실망했고, 왜 감각을 통한 탐구 일반을 거부하고 오로지 로고스들에 의존해 원인을 탐구해야 한다고 생각하게 되었는가의 문제와 관련해 중요한 함축을 가진다. 이데 아를 통한 원인 설명의 안전성은, 달리 말하면, 자연학자들과 아낙사고라스가 빠진 위험으로부터의 안전성일 것이기 때문이다.

이 문제와 관련해서 우리는 소크라테스가 어떤 것의 원인이 만족시켜야 할 조건으로 제시하고 있는 사항들에 주목할 필요가 있다. 우선 그는 더함과 나눔이 둘이 됨의 원인일 수 없는 근거로 다음의 원칙을 제시한다.

(1) 반대되는 것은 동일한 것의 원인이 될 수 없다(97a7~b1).

그리고 그는 한 사람이 다른 사람에 비해 머리에 의해서 크다고 말해서는 안 되는 이유로 다음의 두 조건을 제시한다.

(2) 동일한 것은 반대되는 것의 원인이 될 수 없다(101a7~8).
(3) 원인은 결과와 반대되는 것일 수 없다(101a8~b2).

이 중 (1)과 (2)는 학자들에 의해서 종종

(1)* 원인은 결과의 필요조건이어야 한다.

(2)* 원인은 결과의 충분조건이어야 한다.

를 의미하는 것으로 해석된다. 하지만 이런 동일시는 전적으로 정확한 것은 아니다. 103c10~105c8에서 소크라테스는 (2)*의 조건은 만족시키지만 (1)*의 조건은 만족시키지 않는 것들을 세련되지만 안전한 원인이라고 이야기하는데, 이때 그가 들고 있는 예들은 (1)*을 만족시키지 않기 때문이다. 예를 들어 셋은 홀의, 불은 뜨거움의, 눈은 차가움의, 세련되지만 안전한 원인이다. 하지만 셋, 불, 눈은 각각 홀, 뜨거움, 차가움의 필요조건이 아니다. 반면 이 예들은 조건 (1)은 만족시킨다. 셋, 불, 눈은 반대항을 가지지 않는 것들이고, 따라서 그것들의 반대항이면서 홀, 뜨거움, 차가움의 원인이 되는 것은 있을 수 없기 때문이다. 결국 (1)을 (1)*과 동일시하는 것은 옳지 않음을 알 수 있다.

(1)과 (2)보다 더 많은 의혹의 시선을 받아 온 것은 조건 (3)이었다. 왜냐하면 (1)과 (2)가 최소한 원인 개념에 관한 현대 철학적 논의에서 사용되는 주요한 개념적 도구들을 끌어오고 있는 것에 비해서, (3)은 적절한 원인 설명의 조건이 되기에는 지나치게 강해 보이기 때문이다. 이 조건을 우스꽝스럽게 보이게 만드는 다양한 반례들이 제시되곤 한다. 왜 창문을 깨뜨리는 돌 자체가 깨져야 하는가? 왜 나로 하여금 고개를 들고 바라보도록 만든

소음이 고개를 들어야 하는가?[7] 하지만 (3)은 사실 『파이돈』에서 (1)이나 (2)보다도 중요한 조건이라고 할 수 있는데, 그 이유는 영혼 불멸에 대한 마지막 증명에서 결정적인 역할을 하는 것이 바로 이 조건이기 때문이다. 그 증명에서 소크라테스는 영혼이 그것이 차지하는 몸에 항상 삶을 가져온다는 사실로부터 영혼 자체가 항상 삶이라는 속성을 가진다는 사실을 도출해 내고 있다. 그렇다면 플라톤은 어떤 근거로 (3)을 받아들이고 있는 것인가? 우리는 하나의 단서를 102b8~c5에서 발견할 수 있다. 소크라테스는 "심미아스가 소크라테스보다 크다."라고 말하는 것은 진실에 상응하는 말들로 이야기된 것이 아니라고 말한다. 그러면서 그 이유는 심미아스가 본성상(pephykenai), 즉 심미아스임에 의해서 소크라테스보다 큰 것이 아니라, 그가 우연히 가지게 된 (thynchanei echōn) 큼에 의해서 그런 것이기 때문이라고 말한다. 그는 또 심미아스가 소크라테스보다 큰 것은 소크라테스가 소크라테스이기 때문이 아니라, 소크라테스가 심미아스의 큼과 관련해서 작음을 가지고 있기 때문이라고 말한다. 이 구절로부터 우리는 사태의 진실에 상응하는 설명이 만족시켜야 할 하나의 조건을 끌어낼 수 있다. 하나의 설명이 사태의 진실에 완전히 상응하는 설명이 되기 위해서는, 설명의 대상이 되는 속성을 우연히

7 Bostock(1986), 155쪽.

가지게 된 것만을 언급해서는 안 되며, 반드시 그 속성을 본성상 가지는 것을 적시해야만 하고, 이 대상이 그 속성을 우연히 가지게 된 대상과 관계 맺는 방식을 언급해야 한다는 것이다. 어떤 대상이 F라는 속성을 가지게 되었다고 해 보자. 그리고 그 대상은 그것의 본성상 F라는 속성을 가지는 것이 아니라고 가정해 보자. 플라톤은 이 사태와 관련해서, 그 대상이 F이게 되었다고 말하는 것만으로는 사태의 진상을 완전히 드러내기에 부족하다고 말하고 있는 것이다. 즉 그것에 대한 정확한 설명은 본성상 F인 어떤 것이 그 대상과 특정한 방식으로 관계 맺게 되었다는 것이어야 한다는 것이다.

이데아는 그 본성상 (3)의 조건을 만족시키는 존재이다. 그것은 F임 자체이고, 다른 어떤 존재에 의해서가 아니라, 그 자체로, 자신의 본성에 의해서 F인 존재이기 때문이다. 그리고 그것은 그 본성상 그것과 반대되는 속성을 받아들이지 않는 존재이기도 하다. 이런 점들이 이데아의 가장 핵심적인 특징들임을 고려한다면, 플라톤이 원인의 조건 (1)과 (2)를 이야기하면서 염두에 두었던 것은 필요조건이나 충분조건이라는 아이디어라기보다는, 반대항을 받아들이지 않는다는 아이디어였다고 보는 것이 더 정확한 설명으로 보인다. 이 점은 감각적인 대상들과 이데아 사이의 핵심적 차이점과도 잘 부합한다. 감각적인 같은 것들과 같음 자체의 차이를 설명하면서 살펴보았듯이, 감각적인 F인 것들은, 어떤 측면에서, F의 반대의 성격을 가지게 된다. 반면 F의 이데아는 결코 F의 반대항을 받아들이지 않는다.

만일 이런 어떤 생각들이 조건 (1)~(3)을 이야기하면서 플라톤이 염두에 두고 있었던 바라면, 소크라테스가 감각을 통한 원인의 탐구 전체를 거부하고 오로지 로고스들 안에서 사태를 탐구하겠다고 결심한 것도 자연스럽게 설명이 가능해진다. 그는 감각을 통한 탐구, 그리고 그 결과로 감각적인 대상들에서 사태에 대한 설명을 찾으려는 시도는 결국 동일한 것과 관련해서 반대되는 것들을 연관시키는 오류에 빠질 수밖에 없다는 점을 깨달았다. 둘이 됨을 더함과 나눔이라는 상반되는 원인에 동시에 연관시키거나, 머리라는 하나의 원인을 큼과 작음이라는 상반되는 결과에 동시에 연관시키는 것이 그 예이다. 그는 이러한 오류에 빠지지 않기 위해서는 감각을 통한 탐구를 포기하고 오직 로고스들에만 의존해서 사태의 진실을 규명해 나가야 한다고 판단했다. 그리고 그는 감각적 대상들로부터 원인 설명을 찾는 것을 원천적으로 봉쇄하는 명제들을 가장 강한 로고스로 세우고 있다. 왜 어떤 것이 아름다운가에 대한 답을 댈 때, 그는 피어나는 색깔이나 모양이나 그런 종류의 무언가를 대답으로 대는 것을 포기하고 오직 단순하고 우직하고 순진하게 하나의 답만을 고수하겠다고 말한다. 그것은 아름다움 자체 때문에, 그것을 나누어 가지고 있기 때문에 아름다운 것이다. 표면상 소크라테스는 그것이 가장 안전한 답이며, 그래서 그것에 의존하는 한 결코 넘어지는 일은 없을 것이라는 겸손한 태도를 보인다. 하지만 그 배후에는 감각을 통해서 사태의 진실을 파악할 수 있다고 생각하는 모든 사람들에 대한 비판이 놓여 있는 것이다.

4. 신화(107c~115a)

영혼 불멸에 관한 논변이 종료된 다음, 소크라테스는 영혼이 사후에 겪게 되는 일에 관한 신화적인 이야기를 들려준다. 이 이야기는 지구의 참된 모습과 그것의 여러 부분들에 관한 흥미로운 묘사들을 포함하고 있다. 지구는 원형이며, 우리는 그것의 우묵한 부분에 거주하고 있다. 우리가 지구 위에 살고 있다고 생각하는 것은 착각에 불과하다. 우리가 하늘이라고 생각하고 있는 것은 사실 아이테르가 우묵한 곳으로 흘러든 찌꺼기와 같은 것으로, 그것을 넘어 올라가서야 우리는 비로소 참된 지구의 위쪽과 그것 위의 참된 하늘을 볼 수 있게 된다. 이것은 마치 바닷속에 사는 사람이 바다 위쪽에 살고 있다고 여기고, 물을 통해 태양과 별들을 보고 있으면서도 그 물을 하늘이라고 여기는 것과 마찬가지이다. 참된 지구는 생전에 올바른 삶을 살았고 철학을 통해 자신을 정화한 사람들의 거처이다. 그곳에서 그들은 신들과 함께 거주하게 되며 이에 따르는 최상의 행복을 누리게 된다. 반면 생전에 여러 잘못을 저지른 영혼들에게는 보다 고단한 운명이 기다리고 있다. 그들은 각자가 저지른 과오의 경중에 따라 사후에 다양한 고난을 겪게 되는데, 그들의 운명을 상술하는 과정에서 플라톤은 이번에는 지구의 안쪽 부분, 즉 지하 세계에 대한 상세한 묘사를 제시한다. 지구의 가장 깊은 부분에는 타르타로스가 위치한다. 타르타로스는 치유 불가능한 과오를 저지른 자들의 영원한 거처이다. 반면 이들에 비해 상대적으로 작은 과오를 저지른 사람들에게는 구제의 기회가 주어져서, 그들이 잘못을 저질렀던 사람의 용서를 받게 되면 타르타로스로부터 벗어날 수 있게 된다. 지구의 여러 지역들은 지하에 흐르는 크고 작은 여러 강들에 의해 서로 연결되어 있는데, 그중 가장 큰 넷이 오케아노스, 아케론, 퓌리플레게톤, 그리고 코퀴토스이다. 이것들 각각의 특성과 연결 방식을 묘사한 다음, 소크라테스는 다시 영혼을 돌보는 일의 중요성을 강조하며 전체 이야기를 마무리한다. 그는 이 이야기 그대로가 참이라고 단정적으로 주장하지는 않겠다고 말한다. 하지만 그럼에도 불구하고 그런 어떤 일들이 죽고 난 후 우리의 영혼이 겪게 될 일이라고 믿는 것은 위험을 감수할 만한 일일 것이라고 덧붙인다. 그렇게 믿는 것은 우리로 하여금 사는 동안 영혼을 돌보고 정화시키도록 고무할 것이고, 죽음 후에 겪게 될 영혼의 운명에 대해 확신을 가지게 할 것이기 때문이다. 그리고 그렇기 때문에 그런 믿음을 갖게 됨으로써 감수해야 할 위험은 고귀한 것이 될 것이다.

5. 소크라테스의 죽음(115a~118a)

소크라테스가 독약을 마시고 죽음을 맞이하는 모습을 묘사하고 있는 『파이돈』의 마지막 장면은 작품 전체를 통틀어 가장 유명한 부분이라고 할 수 있을 것이다. 소크라테스라는 이름을 들었을 때 가장 먼저 떠오르는 이미지가 무엇인가라는 물음이 주어진다면, 아마도 많은 사람들이 프랑스의 화가 자크 루이 다비드의 〈소크라테스의 죽음〉을 답으로 대지 않을까 싶다. 그런데 이 널리 알려진 작품이 묘사하고 있는 장면이 다름 아닌 『파이돈』의 마지막 부분이다. 〈소크라테스의 죽음〉에서와 마찬가지로, 『파이돈』에서 묘사되고 있는, 죽음을 앞둔 소크라테스의 평온함은, 함께 있던 모든 사람들의 비통함과 대비되면서, 독자들에게 강렬한 인상을 남긴다. 『파이돈』은 『향연』과 더불어 플라톤의 문학적 역량이 가장 유감없이 발휘된 작품으로 평가되는데, 다른 어떤 부분보다도 소크라테스의 최후를 묘사하고 있는 이 마지막 장면은 그 평가의 정당성을 뒷받침한다. 이곳에서 플라톤은 자칫 과잉된 감정으로 치달을 수도 있었던 순간을 극도의 절제된 언어로 표현해 내고 있다. 그리고 그럼으로써 오히려 독자들에게 과장된 효과를 통해서는 결코 얻지 못했을 깊은 감동을 불러일으킨다. 『파이돈』의 마지막 문장 역시 소크라테스의 백조의 노래에 걸맞은 긴 여운을 남기며 마무리된다. 플라톤은, 비록 파이돈의 입을 빌리기는 했지만 소크라테스에게 바치는 자신의 헌사임이 분명한, 세 개의 최상급 형용사로 대미를 장식하고 있다. "가장 훌륭하고 … 가장 현명하며 가장 정의로운"(aristou … phronimōtatou kai dikaiotatou).

참고문헌

일차 문헌(원전 · 번역서 · 주석서)

박종현, 『에우티프론, 소크라테스의 변론, 크리톤, 파이돈』, 서광사, 2003.

천병희, 『소크라테스의 변론/크리톤/파이돈/향연』, 숲, 2012.

최명관, 『향연 · 파이돈 · 니코마코스 윤리학』, 을유문화사, 1994.

Archer-Hind, R. D., *The Phaedo of Plato* (2nded.), NewYork : Arno Press, 1973.

Bluck, R. S., *Plato's Phaedo*, London : Routledge & Kegan Paul Ltd., 1955.

Burnet, J., *Plato's Phaedo*, Oxford : Clarendon Press, 1911.

Cooper, J. M. & Hutchinson, D. S. (eds.)., *Plato. Complete Works*, Indianapolis : Hackett, 1997.

Dixsaut, M., *Platon, Phédon*, Paris : Flammarion, 1991.

Gallop, D., *Plato, Phaedo*, Oxford : Clarendon Press, 1975.

Hackforth, R., *Plato's Phaedo*, Cambridge : Cambridge University Press, 1955.

Loriaux, P., *Le Phédon de Platon* (2 vols.), Namur : Secrétariat des publication, 1969/75.

Rowe, C. J., *Plato, Phaedo*, Cambridge : Cambridge University Press, 1993.

Sedley, D & Long, A.(ed.), *Plato : Meno and Phaedo*, Cambridge : Cambridge University Press, 2011.

Tredennick, H., *The last days of Socrates*, Harmondsworth : Penguin Books, 1969.

Vicaire, P., *Platon, Phédon*, Paris : Belles lettres, 1983.

이차 문헌(단행본)

강철웅 외, 『서양고대철학 1』, 길, 2013.

Ahrensdorf, P. J., *The death of Socrates and the life of philosophy : an interpretation of Plato's Phaedo*, Albany : State University of New York Press, 1995.

Beck, M. C., *Plato's Self-Corrective Development of the Concepts of Soul, Forms and Immortality in Three Arguments of the Phaedo*, London : Edwin Mellen Press, 2000.

Benson, H.(ed.), *A Companion to Plato*, Oxford : Wiley-Blackwell, 2009.

Bostock, D., *Plato's Phaedo*, Oxford : Oxford University Press, 1986.

Burger, R., *The Phaedo : A Platonic Labyrinth*, New Haven / London : Yale University Press, 1984.

Chen, L. C. H., *Acquiring knowledge of the ideas : a study of Plato's methods in the Phaedo, the symposium and the central books of the Republic*, Stuttgart : F. Steiner, 1992.

Cosmopolous, M. B., *Greek Mysteries*, London : Routledge, 2003.

Crombie, I. M., *An Examination of Plato's Doctrines* (2 vols.), London /

New York : Routledge & Kegan Paul, 1963.

Dancy, R., *Plato's Introduction of Forms*, Cambridge : Cambridge University Press, 2004.

Dorter, K., *Plato's Phaedo : An Interpretation*, Toronto / Buffalo / London : University of Toronto Press, 1982.

Everson, S.(ed.), *Companions to Ancient Thought 2 : Psychology*, Cambridge : Cambridge University Press, 1991.

Eckstein, J., *The Deathday of Socrates : Living, dying and immortality — the theater of ideas in Plato's Phaedo*, Frenchtown, N.J. Columbia Pub. Co., 1981.

Fine, G., *On Ideas*, Oxford : Clarendon Press, 1993.

_____(ed.)., *Plato 1 : Metaphysics and Epistemology*, Oxford : Oxford University Press, 2000.

_____(ed.)., *Plato 2 : Ethics, Politics, Religion, and the Soul*, Oxford : Oxford University Press, 2000.

_____., *Plato on Knowledge and Forms : Selected Essays*, Oxford : Oxford University Press, 2003.

Gilead, A., *The Platonic Odyssey : a philosophical-literary inquiry into the Phaedo*, Amsterdam : Rodopi, 1994.

Guthrie, W. K. C., *A History of Greek Philosophy Volume 4, Plato : The Man and his Dialogues : Earlier Period*, Cambridge : Cambridge University Press, 1986.

Kahn, C., *Plato and the Socratic Dialogue*, Cambridge : Cambridge University Press, 1996.

Kingsley, P., *Ancient Philosophy, Mystery, and Magic*, Oxford : Oxford University Press, 1995.

Kraut, R.(ed.), *The Cambridge Companion to Plato*, Cambridge : Cambridge University Press, 1992.

Linck, M. S., *Ideas of Socrates*, London : Continuum, 2007.

Malcom, J., *Plato on the Self-predication of Forms : Early and middle dialogues*, Oxford : Oxford University Press, 1991.

Moravcsik, J., *Plato and Platonism : Plato's Conception of Appearance and Reality in Ontology, Epistemology, and Ethnics, and its Modern Echoes*, London : Wiley-Blackwell, 2000.

Partenie, C.(ed.), *Plato's Myth*, Cambridge : Cambridge University Pres, 2011.

Peterson, S., *Socrates and Philosophy in the Dialogues of Plato*, Cambridge : Cambridge University Press, 2011.

Rickless, S., *Plato's Forms in Transition*, Cambridge : Cambridge University Press, 2007.

Robinson, R., *Plato's earlier dialectic*. Oxford : Oxford University Press, 1953.

Robinson, T. M., *Plato's Psychology*, Toronto : University of Toronto Press, 1970.

Ross, W. D., *Plato's Theory of Ideas*, Oxford : Oxford University Press, 1951.

Scott, D., *Recollection and Experience*, Cambridge : Cambridge University Press, 1995.

Smith, N. D., *Plato : Critical Assessments. Volume II, Plato's Middle Period, Metaphysics and Epistemology*, London : Routledge, 1998.

Stern, P., *Socratic rationalism and political philosophy : an interpretation of Plato's Phaedo*, Albany : State University of New York Press, 1993.

Topping, R., *Two Concepts of the Soul in Plato's Phaedo*, Landham, MD : University Press Of America, 2007.

Wedberg, A., *Plato's Philosophy of Mathematics*, Stockholm : Almqvist &

Wiksell, 1955.

Vernant, J., *Mortals and Immortals*. Princeton, N.J. : Princeton, 1991.

Westerink, L. G.(ed.), *The Greek Commentators on Plato's Phaedo, I : Olympiodorus; II : Damascius*, Amsterdam : North-Holland Pub. Co., 1976–77.

White, D. A., *Myth and Metaphysics in Plato's Phaedo*, London / Toronto : Susquehanna University Press, 1989.

이차 문헌(논문)

김승욱, 「대화편 『파이돈』에 나타난 이데아의 전제(Hypothesis)의 의미」, 《가톨릭신학》 8, 2006, 153~182쪽.

김완수, 「PLATON의 『파이돈』에 나타난 이데아 논고」, 《철학연구》 Vol.8 No.1, 1973, 179~198쪽.

김윤동, 「플라톤에 있어서 영혼의 三分」, 《대동철학》 6, 1999, 1~20쪽.

여상구, 「『파이돈』 95b~102a의 'aitia'에 관한 분석」, 《철학사상》 15, 1994, 111~146쪽.

이상봉, 「플라톤 철학에 있어서 신화의 역할」, 《철학연구》 120, 2011, 207~228쪽.

이상인, 「초.중기대화편에서의 플라톤의 상기」, 《철학》 59, 1999, 47~74쪽.

_____, 「플라톤의 이데아론의 철학적 기원 : 아리스토텔레스의 설명에 대한 비판적 고찰」, 《철학연구》 88, 2010, 89~125쪽.

_____, 「플라톤의 '이데아의 가설'. 번역과 해석의 문제」, 《대동철학》 54, 2011, 57~92쪽.

이풍실, 「무현(無見) 심재룡(沈在龍) 교수 추모 특집호 : 플라톤의 『파이돈』 편에 제시된 혼의 불멸성에 관한 논증과 로고스, 존재 개념에 대한 논구」, 《철학연구》 32, 2004, 217~237쪽.

임성철, 「플라톤 『파이돈』 결말 신화(107c~115a)의 존재론적 의미와 진실성」, 《철학》 81, 2004, 27~50쪽.

_____, 「Zur philosophischen Bedeutung von der Techne des Glaukos in Platons Phaidon 108d」, 《철학탐구》 26, 2009, 275~286쪽.

장경춘, 「영혼이 "하모니아(Harmonia)"라는 심미아스의 가설에 대한 고찰 (『파이돈』 91c6~95a2)」, 《서양고전학연구》 35, 2009, 93~121쪽.

전헌상, 〈어우러짐으로서의 혼〉, 《철학논집》 19, 2009, 129~161쪽.

_____, 〈플라톤의 『파이돈』에서의 상기 논증과 이데아〉, 《철학》 113, 2012, 1~25쪽.

Ackrill, J. L., "Anamnesis in the Phaedo : remarks on 73c~75c", in *Exegesis and argument*, edited by E. Lee, A. Mourelatos, and R. Rorty, New York : Humanities Press, 1973, pp. 177~95.

Allen, R. E., "Anamnesis in Plato's *Meno* and *Phaedo*", in *The Review of Metaphysics* Vol.13, 1959, pp. 165~74.

Barnes, J., "Critical Notice of Gallop : Plato's *Phaedo*", in *Canadian Journal of Philosophy* 8, 1978, pp. 397~419.

Beere, J., "Philosophy, Virtue, and Immortality in Plato's *Phaedo*", in Proceedings of the Boston Area Colloquium in *Ancient Philosophy* 26, 2011, pp. 253~302.

Blank, D. L., "Socrates' Instructions to Cebes : Plato, *Phaedo* 101d~e", in *Hermes* 114, 1986, pp. 146~63.

Bedu-Addo, J., "Sense-Experience and the Argument for Recollection in Plato's *Phaedo*", in *Phronesis* 36, 1991, pp. 27~60.

Benson, H., "Misunderstanding the 'What is F-ness?' Question", in *Archiv für Geschichte der Philosophie* 72, 1990, pp. 125~42.

Bolotin, D., "The life of philosophy and the immortality of the soul : an introduction to Plato's *Phaedo*", in *Ancient Philosophy* 7, 1987, pp. 29~56.

Brentlinger, J., "Incomplete Predicates and the Two-World Theory of the *Phaedo*", in *Phronesis* 17, 1972, pp. 61~79.

Burge, E. L., "The Ideas as Aitiai in the *Phaedo*", in *Phronesis* 16, 1971, pp. 1~13.

Cobb-Stevens, V., "Mythos and Logos in Plato's *Phaedo*", in *Analecta Husserliana* 12, 1982, pp. 391~405.

Devereux, D., "Separation and Immanence in Plato's Theory of Forms", in *Oxford Studies in Ancient Philosophy* 12, 1994, pp. 63~90.

Dorter, K., "Plato's Image of Immortality", in *Philosophical Quarterly* 26, 1976, pp. 295~304.

Ebert, T., "Why is Evenus called a philosopher at *Phaedo* 61c?", in *Classical Quarterly* 51, 2001, pp. 423~34.

Fine, G., "Plato on Naming", in *Philosophical Quarterly* 27, 1977, pp. 289~301.

―――――, "Separation", in *Oxford Studies in Ancient Philosophy* 2, 1984, pp. 31~87.

―――――, "Immanence", in *Oxford Studies in Ancient Philosophy* 4, 1986, pp. 71~97.

Frede, D., "The Final Proof of the Immortality of the Soul in Plato's *Phaedo* 102a~107a", in *Phronesis* 23, 1978, pp. 24~41.

Frede, M., "The Original Notion of Cause", in *Doubt and Dogmatism : Studies in Hellenistic Epistemology*, edited by Schofield, M, Burnyeat, M, Barnes, J., Oxford : Clarendon Press, 1980, pp. 217~49.

―――――, "Being and Becoming", in *Oxford Studies in Ancient Philosophy*, Supplementary (Supp), 1988, pp. 37~52.

Gallop, D., "Plato's "Cyclical Argument" Recycled", in *Phronesis* 27, 1982, pp. 207~222.

Gentzler, J., "Symphonein in Plato's *Phaedo*", in *Phronesis* 36, 1991, pp. 265~77.

Gill, C., "The Death of Socrates", in *Classical Quarterly* 23, 1973, pp. 225~8.

Gosling, J., "Similarity in *Phaedo* 73b ff.", in *Phronesis* 10, 1965, pp. 151~61.

Gower, O. S. L., "Why Is There an Autobiography in the *Phaedo*?", in *Ancient Philosophy* 28, 2008, pp. 329~46.

Kelsey, S., "Recollection in the *Phaedo*", in *Proceedings of the Boston Area Colloquium in Ancient Philosophy* 16, 2000, pp. 91~121.

Keyt, D., "The Fallacies in *Phaedo* 102a~107b", in *Phronesis* 8, 1963, pp. 167~72.

Matthew, M., "Plato's Treatment of Relational Statements in the *Phaedo*", in *Phronesis* 27, 1983, pp. 90~101.

Menn, S., "On Socrates' First Objections to the Physicists (*Phaedo* 95e8~97b7)", in *Oxford Studies in Ancient Philosophy* 38, 2010, pp. 37~68.

Miles, M., "Plato on Suicide (*Phaedo* 60c~63c)", in *Phoenix* 55, 2001, pp. 244~58.

Mills, K. W., "Plato's *Phaedo* 74b7~c6", in *Phronesis* 2, 1957, pp. 40~58.

Moravcsik, J., "Learning as Recollection", in *Plato*, Vol.1, edited by G. Vlasto, New York : Anchor Books, 1970, pp. 53~69.

_____, "Recollecting the Theory of Forms", in *Facets of Plato's Philosophy*, edited by W. Werkmeister, Assen : Van Gorcum (Phronesis, Supp. Vol.2), 1976, pp. 1~20.

Morgan, K. A., "The voice of authority : divination and Plato's *Phaedo*", in *Classical Quarterly* 60, 2010, pp. 63~81.

Morgan, M. L., "Sense-Perception and Recollection in the *Phaedo*", in *Phronesis* 29, 1984, pp. 237~52.

Nehamas, A., "Predication and Forms of Opposites in the *Phaedo*", in *Review of Metaphysics* 26, 1973, pp. 461~92.

_____, "Self-Predication and Plato's Theory of Forms", in *Virtues of Authenticity*, Nehamas, Princeton : Princeton University Press, 1999, pp. 176~95.

O'Brien, D., "The Last Argument in Plato's *Phaedo*", in *Classical Quarterly* 17, 1967, pp. 198~231, 18, 1968, pp. 95~106.

Owen, G. E. L., "Dialectic and Eristic in the Treatment of the Form", in *Aristotle on Dialectic : the Topics*, edited by Owen. Oxford : Oxford University Press, 1968, pp. 103~25.

Pakaluk, M., "Degrees of Separation in the *Phaedo*", in *Phronesis* 48, 2003, pp. 89~115.

_____, "Socratic Magnanimity in the *Phaedo*", in *Ancient Philosophy* 24, 2004, pp. 101~118.

Plass, P., "Socrates' Method of Hypothesis in the *Phaedo*", in *Phronesis* 5, 1960, pp. 103~114.

Politis, V., "Explanation and Essence in Plato's *Phaedo*", in *Definition in Greek Philosophy*, Charlse, D., Oxford : Oxford University Press, 2010, pp. 62~114.

Rist, J. M., "Equals and Intermediates in Plato", in *Phronesis* 9, 1964, pp. 27~37.

Robins, I., "*Phaedo* 82d9~84b8 : Philosophers' Understanding of their Souls", in *Apeiron* 36, 2003, pp. 1~24.

Robins, I. N., "Recollection and self-understanding in the *Phaedo*", in *Classical Quarterly* 47, 1997, pp. 438~51.

Rowe, C. J., "Explanation in the *Phaedo* 99c6~102a8", in *Oxford Studies in Ancient Philosophy*. 11, 1993, pp. 49~69.

Svavarsson, S. H., "Plato on forms and conflicting appearances : the argument of *Phaedo* 74a9~c6", in *Classical Quarterly* 59, 2009, pp. 60~74.

Schiller, J., "*Phaedo* 104–5 : Is the Soul a Form?", in *Phronesis* 12, 1967, pp. 50~58.

Scott, D., "Platonic anamnesis revisited", in *Classical Quarterly* 37, 1987, pp. 346~366.

Sedley, D., "Teleology and myth in the *Phaedo*", in *Proceedings of the Boston Area Colloquium in Ancient Philosophy* 5, 1989–1990, pp. 359~383.

_____, "Platonic Causes", *Phronesis* 43. 2, 1998, pp. 114~132.

_____, "Form-Particular Resemblance in Plato's *Phaedo*", in *Proceedings of the Aristotelian Society* 106, 2006, pp. 309~325.

Sharma, R., "Socrates' New Aitia : Causal and Metaphysical Explanation in Plato's *Phaedo*", in *Oxford Studies in Ancient Philosophy* 36, 2009, pp. 137~178.

Stough, C., "Forms and Explanation in the *Phaedo*", in *Phronesis* 21, 1976, pp. 1~30.

Taylor, C. C. W., "Forms as Causes in the *Phaedo*", in *Philosophical Review* 78, 1969, pp. 45~59.

Vlastos, G., "Reasons and Causes in the *Phaedo*", in *Philosophical Review* 78, 1969, pp. 291~325. rep. in *Platonic Studies*, Vlastos, G., Princeton : Princeton University Press, pp. 76~109.

Weiss, R., "The Right Exchange : *Phaedo* 69a6~c3", in *Ancient Philosophy* 7, 1987, pp. 57~66.

White, F. C., "Socrates, philosophers and death : two contrasting arguments in Plato's *Phaedo*", in *Classical Quarterly* 56, 2006, pp. 445~458.

White, N. P., "Forms and Sensibles : *Phaedo* 74B~C", in *Philosophical*

Topic 15, 1987, pp. 197~214.

Wiggins, D., "Teleology and the Good in the *Phaedo*", in *Oxford Studies in Ancient Philosophy* 4, 1986, pp. 1~18.

Williams, C. J. F., "On Dying", in *Philosophy* 44, 1969, pp. 217~30.

찾아보기

일러두기

- 동일한 그리스어에 대해서 상이한 번역어가 사용된 경우, 번역어의 차이가 의미상의 중요한 차이를 반영하지 않는 경우는 '→' 기호를 사용해 단일한 표제어로 묶었고, 번역어의 차이가 중요한 의미상의 차이를 반영하는 경우 (예를 들어, 'logos'의 경우)는 각각 다른 표제어로 처리했다.
- 그리스어의 형태는 명사의 경우는 단수 주격, 형용사의 경우는 남성 단수 주격, 그리고 동사의 경우는 능동태(혹은 필요한 경우 중간태)의 부정형을 표제어로 삼았다.

일반용어

한국어 – 그리스어

교환하다 allattein 69b
구형의 peripherēs 109a
규정함 horizein 104c, e, 105a
그럴 법한 eikos 92d
그럴듯함 euprepeia 92d
기술 technē 89d, e, 90b, 108d
기억 mnēmē 91c, 96b, 103a
꼴 morphē 104d

나눠 가짐 metechein, methexis
 93d, 94a, 100c, 101c
나쁨 kakia 93b, c, e, 94a, 107c
노여워하다 aganaktein 62d, e, 63b,
 c, 64a, 67e, 68b, 69e, 115e,
 117d
논변 logos 63a, e, 66e, 69e, 70d,
 73a, 87a, 88c, d, 89a, c, d,
 90b, c, d, 91b, c, 95a, b,
 106d, 107a, b, 108d
논변 혐오 misologia 89d
논설 logos 61b
논의의 진행 → 탐구
눈(雪) kiōn 103c, d, 106a, 110c

다이몬 daimōn 107d, 108b, 113d
대중 hoi polloi 64b, 65a, 68a, c,
 77b, 80d, 82c, 83e, 92d,
 99b, 109c
덕 aretē 69a, b, 82a, 93b, c, e,

 114c
도시 polis 58b, 59b, 98e
돌봄 therapeia 62d, 64c, 66d, 107c
두 번째 항해 deuteros plous 99c
두려움 phobos 66c, 69a, b, 81a, c,
 83b, 101b
뜨거움 thermothēs 105c, 106a, b

뤼라 lyra 73d, e, 85e, 86a, 92b

말 logos 99e, 100a
맞수 antitechnos 60d
몸 sōma 64c~e, 65a~66e, 67a, c,
 d, 68b, c, 70a, 77b, d, 79b,
 c, e, 80a~e, 81b, e, 82c, e,
 83d, 84b, 86b~d, 87a, d, e,
 88b, 91c~e, 92a, b, d, 94b,
 e, 95d, 98c, 105b, c, 107c,
 108a, 114e, 115e, 118a
무식한 amathēs 105c
무절제 akolasia 68e~69a
무지 agnoia, amathia 81a, 82e
묶는 deon 99c

반론꾼들 antilogikoi 101e
반론적 논변 antilogikoi logoi 90c
배움 mathēsis 65e, 67b, 72e, 73b,
 76a, 82d, 83e, 91e, 92c, d
법 nomoi 58b

b, d, 95d, 105d, e, 106b, e,
107c, 117e
즐거움 hēdonē, to hēdy 59a, 60b,
c, 64d, 65a, c, 68e, 69a,
114e
지각 aisthēsis 76a
지각하다 aisthanesthai 76a, 79a,
88b
지구 gē 97d, e, 99b, 108c~109d,
110a, b, 111c, e, 112b~d
지성 nous 80b, 81b, 82b, 83b,
97c, 98a~c, 99a
지식 epistēmē 66e, 67a, 73a, c, d,
74b, c, 75b~e, 76b, c, d,
80b, 82c~e, 83e, 90d, 96b,
97d
지혜 sophia 96a, 101e
지혜로운 sophos 63a, b, 90c, 101c
지혜를 사랑하는 사람 → 철학자
진리 alētheia 60d, 64a, 65b, c,
66a, 70b, 72d, 73a, 84d,
85e, 99e, 108d
짝 artios 104b, c, d, e, 105a, d,
106b, c

차가움 psychros 86b, 103c, d,
105a, 106a, b, 111d
차지함 katechein 104d, 105d
천구 ouranos 108e, 109a, b

철학자 philosophos 61c, 64b, 65c,
66a, 67c, 68b, d
철학함 philosophein 64b
추구함 epitēdeuein 64a, 82b
추론 logismos 66a, 79a, 84a
추론함 logizesthai 62e, 65c, 83b, c,
84a, 85a, 91b, 97d
추적함 anereunein, thēreuein 63a,
66a

탐구 methodos 79e, 97c
태양 hēlios 99d, 109c, 111c, 116e
태연히 radiōs 62c, 63a, 81a

판단 → 견해
평형상태 isorrophia 71e, 109a
필연성 anankē 76e, 97e

하나 monas 105c
하늘 ouranos 96c, 99b, 109c
하데스 Haidēs 58e, 64a, 69c, 70c,
83d, 85b, 95c, 106e, 107d,
108a, 115a, 117c
함께 지냄 koinōnia 65a, 100d
해방 apallagē 64c, 70a, 84b, 107c
해방됨 apallassesthai 63a, 67a,
68a, 70a, 77b, 80d, e, 81b, c,
84b, 85b, 107c, 114b
현명한 phronimos 62d, e, 80d,

그리스어 – 한국어

nosos 병

nous 지성

on 있는

ouranos 천구, 하늘

ousia 존재

paideia 교육

parousia 현전

pathē 감정

peripherēs 구형의

perittos 홀

pharmakon 약

philosophein 철학함

philosophos 철학자, 지혜를 사랑하는 사람

phobos 두려움

phronēsis 현명함

phronimos 현명한

physis 자연

poiētēs 시인

polis 도시

psychē 영혼

psychros 차가움

pyr 불

pyretos 열

radiōs 태연히

sōma 몸

sophia 지혜

sophos 지혜로운

sōphrosynē 절제

symphonein 부합함

syntheton 결합체, 복합체

technē 기술, 전문 지식

teletai 입교의식

tethnanai 죽음

thanatos 죽음

tharrein 확신하다

theos 신

therapeia 돌봄

thēreuein 추적함

thermotēs 뜨거움

treis 셋

trophē 양육

zōē 삶

고유명사

옮긴이의 말

이 책은 많은 분들의 도움에 빚지고 있다. 번역 초고를 함께 읽고 토론해 준 김인곤, 이기백, 정준영, 김주일, 강성훈 선생님께 감사드린다. 불비한 원고를 자신의 일처럼 꼼꼼히 읽어 주시고 자상히 조언해 주신 덕분으로, 홀로 작업했으면 범했을 수많은 오류들을 시정하고 결점들을 보완할 수 있었다. 물론 여전히 부족한 부분들은 모두 역자의 탓으로 남는다. 은사이신 이태수, 김남두 선생님께도 이 지면을 빌려 감사의 말씀을 드리고 싶다. 철학의 여러 분야들 중에서 서양 고전철학을 전공으로 삼은 것은 전적으로 두 선생님의 영향이었다. 두 분의 강의와 세미나를 듣고 함께 고전 텍스트들을 읽었던 시간들은 무엇과도 비교할 수 없는 즐겁고 행복했던 기억으로 남아 있다. 더 훌륭한 결과물을 보여 드리지 못한 점이 송구스럽지만, 부족하나마 제자가 거둔 결실을 기쁘게 받아 주시길 바랄 뿐이다. 『파이돈』이라는 훌륭한 작품을 맡아 번역할 기회를 주신 이정호 선생님께도 감사드린다. 앞으로 정암학당의 발전에 더욱더 기여할 수 있도록 노력하겠다는 말씀을 이 기회를 빌려 드리고 싶다. 훌륭한 교육과 연구의 환경을 마련해 주신 서강대학교 철학과의 여러 교수님들께도 감사드린다. 늘 보여 주시는 격려와 관심 덕분에 무사히 작업을 마칠 수 있었다. 아울러 색인 작업을 도와준 장시은 씨, 참고문헌 정리를 도와준 구익희 씨에게도 고맙다는 말을 전한다. 하염없이 늦어지는 원고를 묵묵히 기다려 주시고 초고에 대한 여러 유익한 조언을 해 주신 이제이북스의 전응주 사장님께도 감사의 말씀을 드린다. 그리고 마지막으로, 변함없이 역자의 편이 되어 주시고 힘이 되어 주시는 어머님께 감사의 마음을 전한다.

사단법인 정암학당을 후원해 주시는 분들

정암학당의 연구와 역주서 발간 사업은 연구자들의 노력과 시민들의 귀한 뜻이 모여 이루어집니다. 학당의 모든 연구는 시민들의 자발적인 후원을 바탕으로 하기 때문입니다. 그 결실을 담은 '정암고전총서'는 연구자와 시민의 연대가 만들어 내는 고전 번역 운동의 산물이라고 할 수 있습니다. 이 같은 학술 운동의 역사적 의미를 기리고자 이 사업에 참여한 후원회원 한 분 한 분의 정성을 이 책에 기록합니다.

평생후원회원

부북스출판사(신현부)　　　　생각과느낌 정신건강의학과　　이제이북스　　　　카페 벨라온

후원위원

강성식	강용란	강진숙	강태형	고명선	곽삼근	곽성순	구미희	권영우
길양란	김경원	김나윤	김대권	김명희	김미란	김미선	김미향	김백현
김병연	김복희	김상봉	김성민	김성윤	김순희(1)	김승우	김양희	김애란
김연우	김영란	김용배	김윤선	김정현	김지수(62)	김진숙(72)	김현제	김형준
김형희	김희대	맹국재	문영희	박미라	박수영	박우진	박현주	백선옥
사공엽	서도식	성민주	손창인	손혜민	송민호	송봉근	송상호	송찬섭
신미경	신성은	신영옥	신재순	심명은	안희돈	양은경	오현주	오현주(62)
우현정	원해자	유미소	유형수	유효경	이경선	이경진	이명옥	이봉규
이봉철	이선순	이선희	이수민	이수은	이승목	이승준	이신자	이은수
이재환	이정민	이주완	이지희	이진희	이평순	이한주	임경미	임우식
장세백	장영재	전일순	정삼아	정은숙	정태흡	정현석	조동제	조명화
조문숙	조민아	조백현	조범규	조성덕	조정희	조준호	조진희	조태현
주은영	천병희	최광호	최세실리아		최승렬	최승아	최이담	최정옥
최효임	한대규	허 민	홍순혁	홍은규	홍정수	황정숙	황훈성	

정암학당1년후원

문교경기〈처음처럼〉　　　　　문교수원3학년학생회　　　　　문교안양학생회
문교경기8대학생회　　　　　　문교경기총동문회　　　　　　　문교대전충남학생회
문교베스트스터디　　　　　　　문교부산지역7기동문회　　　　문교부산지역우일동(2018)
문교안양학습관　　　　　　　　문교인천동문회　　　　　　　　문교인천지역학생회
방송대동아리〈아노도스〉　　　방송대동아리〈에사모〉　　　　방송대동아리〈프로네시스〉
사가독서회

후원회원

강경훈	강경희	강규태	강보슬	강상훈	강선옥	강성만	강성심	강신은
강유선	강은미	강은정	강임향	강주완	강창조	강 항	강희석	고경효
고복미	고숙자	고승재	고창수	고효순	공경희	곽범환	곽수미	구본호
구익희	권 강	권동명	권미영	권성철	권순복	권순자	권오성	권오영
권용석	권원만	권정화	권해명	권혁민	김건아	김경미	김경원	김경화
김광석	김광성	김광택	김광호	김귀종	김길화	김나경(69)	김나경(71)	김남구
김대겸	김대영	김대훈	김동근	김동찬	김두훈	김 들	김래영	김명주(1)
김명주(2)	김명하	김명화	김명희(63)	김문성	김미경(61)	김미경(63)	김미숙	김미정
김미형	김민경	김민웅	김민주	김범석	김병수	김병옥	김보라미	김봉습
김비단결	김선규	김선민	김선희(66)	김성곤	김성기	김성은(1)	김성은(2)	김세은
김세원	김세진	김수진	김수환	김순금	김순옥	김순호	김순희(2)	김시인

김시형	김신태	김신판	김승원	김아영	김양식	김영선	김영숙(1)	김영숙(2)
김영애	김영준	김영효	김옥주	김용술	김용한	김용희	김유석	김은미
김은심	김은정	김은주	김은파	김인식	김인애	김인욱	김인자	김일학
김장생	김정식	김정현	김정현(96)	김정화	김정훈	김정희	김종태	김종호
김종희	김주미	김중우	김지수(2)	김지애	김지열	김지유	김지은	김진숙(71)
김진태	김철한	김태식	김태욱	김태훈	김태헌	김태희	김평화	김하윤
김한기	김현규	김현숙(61)	김현숙(72)	김현우	김현정	김현정(2)	김현중	김현철
김형규	김형전	김혜숙(53)	김혜숙(60)	김혜원	김혜정	김홍명	김홍일	김희경
김희성	김희정	김희준	나의열	나춘화	나혜연	남수빈	남영우	남원일
남지연	남진애	노마리아	노미경	노선이	노성숙	노채은	노혜경	도종관
도진경	도진해	류다현	류동춘	류미희	류시운	류연옥	류점용	류종덕
류지아	류진선	모영진	문경남	문상흠	문순혁	문영식	문정숙	문종선
문준혁	문찬혁	문행자	민 영	민용기	민중근	민해정	박경남	박경수
박경숙	박경애	박귀자	박규철	박다연	박대길	박동심	박명화	박문영
박문형	박미경	박미숙(67)	박미숙(71)	박미자	박미정	박믿음	박배민	박보경
박상선	박상윤	박상준	박선대	박선희	박성기	박소운	박수양	박순주
박순희	박승억	박연숙	박영찬	박영호	박옥선	박원대	박원자	박윤하
박재준	박정서	박정오	박정주	박정은	박정희	박종례	박주현	박주형
박준용	박준하	박지영(58)	박지영(73)	박지희(74)	박지희(98)	박진만	박진현	박진희
박찬수	박찬은	박춘례	박태안	박한종	박해윤	박헌민	박현숙	박현자
박현정	박현철	박형전	박혜숙	박홍기	박희열	반덕진	배기완	배수영
배영지	배제성	배효선	백기자	백선영	백수영	백승찬	백애숙	백현우
변은섭	봉성용	서강민	서경식	서근영	서동주	서두원	서민정	서범준
서봄이	서승일	서영식	서옥희	서용심	서월순	서정원	서지희	서창립
서회자	서희승	석현주	설진철	성윤수	성지영	소도영	소병문	소선자
손금성	손금화	손동철	손민석	손상현	손정수	손지아	손태헌	손혜정
송금숙	송기섭	송명화	송미희	송복순	송석현	송연화	송염만	송요중
송원욱	송원희	송유철	송인애	송진우	송태욱	송효정	신경원	신기동
신명우	신민주	신성호	신영미	신용균	신정애	신지영	신혜경	심경옥
심복섭	심은미	심은애	심정숙	심준보	심회정	안건형	안경화	안미희
안숙현	안영숙	안정숙	안정순	안진구	안진숙	안화숙	안혜정	안희경
안희돈	양경엽	양미선	양병만	양선경	양세규	양예진	양지연	양현서
엄순영	오명순	오승연	오신명	오영수	오영순	오유석	오은영	오진세
오창진	오혁진	옥명희	온정민	왕현주	우남권	우 람	우병권	우은주
우지호	원만희	유두신	유미애	유성경	유승현	유정원	유 철	유향숙
유희선	윤경숙	윤경자	윤선애	윤수홍	윤여훈	윤영미	윤영선	윤영이
윤 옥	윤은경	윤재은	윤정만	윤혜영	윤혜진	이건호	이경남(1)	이경남(72)
이경미	이경아	이경옥	이경원	이경자	이경희	이관호	이광로	이광석
이군무	이궁훈	이권주	이나영	이다영	이덕제	이동래	이동조	이동춘
이명란	이명순	이미옥	이민희	이병태	이복희	이상규	이상래	이상봉

이상선	이상훈	이선민	이선이	이성은	이성준	이성호	이성훈	이성희
이세준	이소영	이소정	이수경	이수련	이숙희	이순옥	이승훈	이시현
이아람	이양미	이연희	이영민	이영숙	이영신	이영실	이영애	이영애(2)
이영철	이영호(43)	이옥경	이용숙	이용안	이용웅	이용찬	이용태	이원용
이윤주	이윤철	이은규	이은심	이은정	이은주	이이숙	이인순	이재현
이정빈	이정석	이정선(68)	이정애	이정임	이종남	이종민	이종복	이준호
이중근	이지석	이지현	이진아	이진우	이창용	이철주	이춘성	이태곤
이태목	이평식	이표순	이한솔	이현주(1)	이현주(2)	이현호	이혜영	이혜원
이호석	이호섭	이화선	이희숙	이희정	임미정	임석희	임솔내	임정환
임창근	임현찬	장모범	장선희	장시은	장영애	장오현	장재희	장지나
장지원(65)	장지원(78)	장지은	장철형	장태순	장해숙	장홍순	전경민	전다록
전미래	전병덕	전석빈	전영석	전우성	전우진	전종호	전진호	정경회
정계란	정금숙	정금연	정금이	정금자	정난진	정미경	정미숙	정미자
정상묵	정상준	정선빈	정세영	정아연	정양민	정양욱	정 연	정연화
정영목	정옥진	정용백	정우정	정유미	정은정	정일순	정재웅	정정녀
정지숙	정진화	정창화	정하갑	정은교	정해경	정현주	정현진	정호영
정환수	조권수	조길자	조덕근	조미선	조미숙	조병진	조성일	조성혁
조수연	조슬기	조영래	조영수	조영신	조영연	조영호	조예빈	조용수
조용준	조윤정	조은진	조정란	조정미	조정옥	조증윤	조창호	조황호
주봉희	주연옥	주은빈	지정훈	진동성	차문송	차상민	차혜진	채장열
천동환	천명옥	최경식	최명자	최미경	최보근	최석묵	최선회	최성준
최수현	최숙현	최연우	최영란	최영순	최영식	최영아	최원옥	최유숙
최유진	최윤정(66)	최은경	최일우	최자련	최재식	최재원	최재혁	최정욱
최정호	최정환	최종희	최준원	최지연	최진욱	최혁규	최현숙	최혜정
하승연	하혜용	한미영	한생곤	한선미	한연숙	한옥희	한윤주	한호경
함귀선	허미정	허성준	허 양	허 웅	허인자	허정우	홍경란	홍기표
홍병식	홍성경	홍성규	홍성은	홍영환	홍은영	홍의중	홍지흔	황경민
황광현	황미영	황미옥	황선영	황신해	황은주	황재규	황정희	황주영
황현숙	황혜성	황희수	kai1100	익명				

리테라 주식회사 문교강원동문회 문교강원학생회
문교경기〈문사모〉 문교경기동문〈문사모〉 문교서울총동문회
문교원주학생회 문교잠실송파스터디 문교인천졸업생
문교전국총동문회 문교졸업생 문교8대전국총학생회
문교11대서울학생회 문교K2스터디 서울대학교 철학과 학생회
(주)아트앤스터디 영일통운(주) 장승포중앙서점(김강후)
책바람

개인 716, 단체 19, 총 735

2023년 6월 1일 현재, 1,098분과 46개의 단체(총 1,144)가 정암학당을 후원해 주고 계십니다.

| 옮긴이

전헌상

서울대학교 철학과와 동 대학원을 졸업하고, 하버드 대학교에서 박사 학위를 취득했다. 현재 서강대학교 철학과 교수로 재직 중이다. 주요 논문으로 「『고르기아스』에서의 소크라테스의 참된 정치술」, 「『파이돈』에서의 철학자와 즐거움」, 「성품의 자발성」, 「*syngnōmē*와 *epieikeia* – 아리스토텔레스 윤리학에서의 용서의 기초」, 「에피쿠로스와 죽음」 등이 있다.

정암고전총서는 정암학당과 아카넷이 공동으로 펼치는 고전 번역 사업입니다.
고전의 지혜를 공유하여 현재를 비판하고 미래를 내다보는 안목을 키우는
문화적 기반을 마련하고자 합니다.

정암고전총서 플라톤 전집

파이돈

1판 1쇄 펴냄 2020년 5월 29일
1판 4쇄 펴냄 2023년 11월 20일

지은이 플라톤
옮긴이 전헌상
펴낸이 김정호

펴낸곳 아카넷
출판등록 2000년 1월 24일(제406-2000-000012호)
주소 10881 경기도 파주시 회동길 445-3 2층
전화 031-955-9510(편집) · 031-955-9514(주문)
팩스 031-955-9519
www.acanet.co.kr

© 전헌상, 2020

Printed in Paju, Korea.

ISBN 978-89-5733-676-2 94160
ISBN 978-89-5733-634-2 (세트)